젊은 세대를 위한 바른 역사서

건국 대통령 이승만의 생애

젊은 세대를 위한 바른 역사서

건국 대통령 이승만의 생애

안병훈 엮음

기파랑

위대한 거인(巨人), 그 불멸(不滅)의 생애

청소년을 비롯한 우리의 젊은 세대들은 과연 자신이 태어나서 자란 조국 대한민국의 현대사를 얼마나 알고 있을까? 안다면, 혹시 거기에 의도적인 편견이나 곡해(曲解)가 빚어 올린 '비뚤어진 역사관'의 흔적이 남아 있지나 않을까? 게다가 그것이 일부 몰지각한 어른들의 잘못된 가르침 탓이라면, 장차 이 나라를 짊어지고 나갈 세대들에게 큰 죄를 짓는 것이나 다름없다 하겠다.

나는 그 같은 우려로 인해 오래 전부터 올바른 우리의 역사를 제대로 기록한 책을 만들고 싶었다. 그렇게 정성 들여 엮은 기록물을 때 묻지 않은 우리 자녀들에게 안겨주어 나라 사랑의 진정한 의미를 심어주고 싶었다. 그리고 그 출발을 오늘의 대한민국이 있게 해준 위인들의 이야기에서 찾고자 했다.

이 책 『건국 대통령 이승만의 생애』가 그 한 예이다. 원래 이 책의 저본(底本)은 2012년에 내가 펴낸 『사진과 함께 읽는 대통령 이승만』이다. 사진집의 성격을 겸하여 초대 대통령의 발자취를 훑어보자는 취지에서 완성한 책으로, 감히 말하건대 우리나라에서 사상 처음 '인간 이승만'을 집중 조명함으로써 많은 분들의 박수갈채를 받았다.

거기에 힘입은 나는 이 책을 원래부터 간절히 바라던 젊은이들을 위한 올곧은 교양 역사서로 다시금 꾸며보자는 마음을 먹게 되었다. 마침 올해는 광복 70주년의 뜻 깊은 해여서 이 '젊은 세대를 위한 바른 역사서'가 그만큼 더 돋보일 수 있다는 기대감도 보태어졌다.

한 가지 기쁜 일은, 뉴욕의 한인 교계 지도자 김남수 목사의 큰 관심 아래 이 책을 미국에 거주하는 우리 동포 청소년들을 위해 영역(英譯)하여 발간하기로 했다는 사실이다.

앞서의 『사진과 함께 읽는 대통령 이승만』의 머리말에서도 썼듯이, 우리가 위대한 거인을 만날 수 있었던 것은 정말이지 우리 국민 개개인의 행운(幸運)이자 국운(國運)이라 아니 할 수 없다.

이승만은 누구인가? 한마디로 그는 한국 역사의 흐름을 바꿔놓은 현대사의 주역이다. 오랜 군주전제정(君主專制政)의 막을 내리고 새롭게 역사를 시작한 민주공화정의 나라 대한민국을 만들어, 그 첫 대통령이 되었다. 또 김일성(金日成)이 스탈린, 마오쩌둥(毛澤東)과 합작하여 일으킨 6·25 남침 전쟁에서 유엔군의 참전을 이끌어내어 단 한 평의 땅도 빼앗기지 않고 기적적으로 나라를 지켜낸 인물이다.

침략자들과의 휴전에 한사코 반대, 미국을 선두로 한 서방세계 지도자들 및 유력 언론들로부터 뭇매를 맞아가면서도 한미상호방위조약을 쟁취했다. 이 방위조약이 휴전선상의 '만리장성'이 되어 지난 60여 년 동안 한반도에 평화를 지속케 해주었음은 누구나 다 아는 사실이다.

이처럼 이승만은 독립운동, 건국, 북한의 남침 저지, 그 후의 한반도 평화유지 등 네 가지 면에서 누구도 범접 못할 가장 큰 역할을 수행했다. 물론 이런 막중한 역할을 수행하는 과정에는 빛과 그림자가 있기 마련이어서, 4·19혁명으로 하야(下野)에 이르기까지의 실정(失政)을 간과하지는 못한다.

이런 흠결에다, 여태 이 나라를 편 가르고 있는 좌우(左右)의 흑백 다툼으로 말미암아 이승만은 아쉽게도 미국의 조지 워싱턴이나 다른 나라의 건국 대통령들처럼 모든 국민들로부터 사랑을 받지 못한 것이 현실이었다. 그러나 조그만 잘못을 내세워 더 큰 위업(偉業)에서 눈을 돌린 채 제자리걸음해서는 진정한 발전은 꿈도 꾸지 못한다.

칭기즈칸은 몽골의 위대한 영웅이자 심벌이다. 그런 위인조차 공산 정권이 들어서자 '인류최고의 살육자'로 낙인찍혀 역사에서 이름마저 지워질 뻔했다. 하지만 1992년에 몽골이 민주화되면서 가장 먼저 살아난 것이 몽골인들의 가슴속에 숨어 있던 칭기즈칸이었다.

나는 대한민국의 원천일 수밖에 없는 이승만 대통령도 언젠가는 칭기즈칸처럼 대한민국의 심벌 또는 아이콘으로 모든 국민의 가슴속에 살아남았으면 하는 희망을 버리지 못한다. 아니, 반드시 그렇게 되리라 믿어 의심치 않는다.

그 점, 이 책이 수많은 우리의 미래 세대를 위해 놓는 듬직한 초석(礎石)이 될 수 있었으면 더없이 좋겠다.

2015년 새봄을 맞으면서
안병훈(安秉勳)

| 차례 |

제1부
항일 독립운동에 바친 청춘

'문명의 전환기'에 태어나다

이승만은 1875년 3월 26일 황해도 평산군 마산면에서 태어났다. 아버지 이경 선은 조선왕조 왕족의 후손이었고, 어머니는 김해 김씨 집안의 외동딸이었다. 위로 누이와 형이 있었지만 그가 태어나기 전 홍역으로 형이 죽었던지라 사실상 외아들, 그것도 6대 독자였다.

이승만이 태어날 무렵 한반도에서는 일본 군함의 강화도 불법 침범에 의한 '운요호(雲揚號) 사건'이 발생하는 등 세계정세에 커다란 풍운이 몰아닥치고 있 었다. 이 같은 시대의 변혁기를 맞아 조선의 지식인들은 두 가지로 갈렸다. 즉 개 화파(開化派)는 하루빨리 개혁·개방을 통해 선진문명을 배워 부국강병을 이룩 하자고 주장했고, 위정척사파(衛正斥邪派)는 오랫동안 이어져 내려온 기존의 체 제와 생활방식을 지키려는 수구적인 태도를 보였던 것이다.

이승만은 개화파에 속하게 될 운명이었고, 온몸으로 그 운명을 헤쳐가면서 결 국에는 한반도 최초의 자유민주국가인 대한민국을 건국하기에 이른다.

태어난 곳은 황해도였으나 원래 이승만의 조상은 대대로 서울에서 살았다. 그 러다 증조부 때 가세가 기울어 황해도 해주로 내려갔다가 거기서도 버티기 어려 워지자 더 벽촌으로 밀려났던 것이다. 이승만 일가가 서울로 다시 이주해온 것 은 그의 나이 만 두 살이었던 1877년이었다.

처음에는 남대문 밖 염동(鹽洞)에서 살다가 낙동(駱洞)으로 옮겼으며, 그 후 현재의 남산 서쪽인 도동(桃洞) 골짜기로 이사하여 자리를 잡았다. 이처럼 잦았 던 이사는 어머니의 열정적인 교육열에서 비롯되었다. 시골 서당 훈장의

따님이었던 이승만의 어머니는 독실한 불교신자로, 아들에게 『천자문(千字 文)』을 가르칠 만큼 당시 여성으로서는 드물게 학식이 높았다. 이승만 일가가 황 해도에서 서울로 이사를 한 것도 외아들을 훌륭하게 기르기 위해 남편을 설득했

서당 시절. 부친 경선 공과 함께
찍은 사진. 오른쪽이 18세 청년
이승만이고, 왼쪽이 서당 친구
김홍서. 1893년.

아래 사진은 1904년 11월 미국으로
떠나기 전에 찍은 기념사진.
오른쪽으로부터 첫 부인 박씨.
이승만, 모자를 쓴 키 작은 아이가
아들 봉수, 뒤의 어린이는 조카,
앉은 이가 부친 경선 공. 왼쪽 끝이
큰누이다.

기 때문이었다.

이렇게 철이 들기 전부터 서울에서 생활했으므로 그에게는 지방색이 나타나지 않았고, 그래서 나중에 대통령이 되었을 때는 지역을 초월해 인재를 등용했다. 이승만은 열다섯 살 때 부모가 간택한 동갑나기 박(朴)씨와 결혼했다. 박씨 부인은 이승만이 근 6년간의 감옥생활에서 풀려나 미국으로 건너간 다음에는 홀로 시아버지를 모시면서 집안일을 챙겼던 조강지처였다. 그러나 심한 성격 불화 등으로 이승만이 미국에서 돌아온 1912년경 이혼한 것으로 알려져 있다.

유일한 혈육 봉수(鳳秀, 아명 泰山)는 이승만이 미국으로 건너간 뒤 옥중 동지 박용만(朴容萬)이 1904년 미국으로 데려갔는데, 햇수로 불과 두 해만인 1906년 2월 필라델피아에서 디프테리아에 걸려 여덟 살 어린 나이에 사망했다. 이승만은 두고두고 이 아들을 잊지 못했다.

이승만은 어머니로부터 불교의 기초 원리를 배웠다. 어머니는 매년 이승만의 생일날이면 그를 절간에 보내서 불공을 드리게 했다.

만년의 경선 공.
1917년 하와이 호놀룰루에서
출간한 저서 『독립정신』에
이 사진을 실었다.
사진 오른쪽은 마지막으로
남은 유일한 혈육이었던
둘째 누님.

배재학당 입학

어머니의 유일한 희망은 어린 이승만이 빨리 과거에 합격해서 어려운 집안을 일으키는 것이었다. 그래서 없는 살림에도 10년을 서당에 보냈다. 서당 시절 그는 사서오경(四書五經)을 익히고 문장 기법을 연마하는 데 힘을 쏟았다.

서당에서 치르는 도강(都講=종합 경시)에서 항상 장원을 차지했던 그는 한시라도 빨리 과거에 합격시키려는 어머니의 의도로 13살이 되던 1887년부터 응시했다. 본래는 15살이 되어야 응시자격이 주어지는 것이었지만 그 해만은 왕세자와 동갑인 14살까지 허락했는데, 마음이 조급했던 어머니가 한 살을 당겨 응시하게 했던 것이다.

하지만 과거와는 인연이 없었던지 계속 낙방의 고배를 마시던 이승만은 1894년에 터진 청일전쟁에서 일본이 승리하는 와중에 단행된 갑오경장으로 과거제도가 폐지됨에 따라 어쩔 수 없이 서당공부를 중지했다. 그때 도동서당을 함

1889년 아펜젤러가 세운 배재학당.
과거제도가 폐지되자 이승만은
이 학교에 입학, 신학문은 익힌다.

아펜젤러 부부.

이승만이 영어회화를 배운 미국인 선교사 화이팅 자매.
영어로 적은 글은 이승만의 친필이다. 1894년.

께 다녔던 친구(신긍우)가 찾아와 미국 북감리교 선교사 헨리 아펜젤러(Henry Appenzeller)가 세운 신식학교 배재학당(培材學堂) 입학을 끈질기게 권유했다. 이승만은 영어를 배운다는 가벼운 기분으로 1895년 4월 2일 배재학당에 입학했다. 물론 부모에게는 알리지 않았다.

아펜젤러는 1885년 한국에 도착하여 한국선교회를 창설하고 배재학당을 설립하였다. 언더우드(Horace G. Underwood)와 함께 성경의 한국어 번역에 힘써『마태복음』,『마가복음』,『고린도전후서』의 번역을 마쳤다. 1895년에는 영문 잡지〈한국휘보(The Korea Repository)〉를 복간하여 편집을 맡았는데, 1902년 목포에서 열리는 성경 번역자회의에 참석하느라 배를 타고 가는 도중 사고로 익사했다.

배재학당에 입학한 이승만은 우선 단발(斷髮)을 결행했다. 또 매일 아침 기독교 예배의식에도 참여했다. 입학 후 곧 영어 학습에서 두각을 나타낸 그는 서양

이승만이 1898년 4월 9일 창간한
〈매일신문〉은 우리나라 최초 민간 일간지로
이승만은 대표와 주필, 기자로 1인 3역을 하였다.

식 병원 제중원(濟衆院)에서 일하던 미국인 여성 선교사 화이팅(Georgiana E. Whiting)의 한국어 교사로 뽑혀 한 달에 20달러씩 보수를 받으며 그녀에게 한국어를 가르쳐주면서 자연스레 자신도 영어회화를 익혔다. 그 덕에 이승만의 영어실력은 일취월장하여 배재학당을 졸업하던 1898년 7월 8일, 600여 귀빈 앞에서 「한국의 독립」이라는 주제로 영어로 연설하는 경지에 이르렀다.

그러나 이승만이 배재학당에서 배운 가장 소중한 것은 새로운 혁명적 사상이었다. 그는 개신교 선교사들의 가르침을 받으며 자유·평등·민권 등의 근대적 정치이념을 깨우치고 미국식 민주주의 제도를 신봉하게 되었다. 이 무렵 서재필(Philip Jaisohn)을 만나 존경하고 따르게 된 그는 서재필의 지도 아래 '협성회(協成會)'라는 토론회를 조직하여 활발한 활동을 폄과 동시에 〈협성회회보〉라는 잡지도 창간했다. 이승만은 이 잡지의 '저술인'(=주필)으로서 논설 집필까지 맡았다.

그런데 〈협성회회보〉의 논조가 정부에 비판적이었던지라 아펜젤러는 정부와의 충돌을 막기 위해 기사를 검열하려 했다. 학교의 간섭을 받지 않고 자유롭게 신문을 만들고 싶었던 이승만은 10년 전 일본에서 들어온 인쇄기가 있다는 소문을 듣고 그것을 찾아냈다. 그리고는 우리나라 최초의 일간지인 〈매일신문〉을 한글과 영문으로 발간했다. 언론인으로서의 첫걸음을 내딛는 순간이었다.

이승만이 관여한
〈협성회회보〉와, 〈제국신문〉,
아래는 서재필이 창간한
〈독립신문〉.

긴 옥살이

이승만의 스승이라고 할 서재필은 갑신정변 주역의 한 사람으로, 쿠데타 실패 후 미국으로 망명해 한국인 최초의 의학박사가 된 개화파 지식인이었다. 그는 조선왕조의 역적이었으므로 귀국할 수 없는 처지였다. 그렇지만 청일전쟁에서 일본이 승리함에 따라 개화파가 정권을 잡게 되자 1895년 중추원 고문 자격으로 미국인 부인과 함께 귀국했다.

서재필은 1896년 4월 한글과 영어로 〈독립신문〉을 창간하고, 7월에는 독립협회를 창립하여 한국인들에게 자유민주주의 사상을 불어넣으려 했다. 독립협회는 법률에 의해 생명과 재산이 보장되고, 국민이 정치적인 의사를 표현할 수 있는 권리가 인정되며, 대외적으로 자주독립하는 근대국가 건설을 목표로 했다.

독립협회가 주관한 만민공동회에서 이상재, 이승만, 안창호 등이 선도적으로 활동했다.

이승만의 스승 서재필.

독립협회는 〈독립신문〉의 지면과 대중강연 및 토론회를 통하여 대중을 상대로 활발한 계몽활동을 펼쳤다. 독립협회는 초기에는 정부 고관과 왕실의 협조 아래 자주독립의 의지를 나타내고자 독립문, 독립관, 독립공원의 조성에 노력하여 사회적으로 큰 반향을 불러일으켰다.

그러나 고종황제를 둘러싼 보수세력은 독립협회가 군주제를 부정하고 대통령제의 공화정으로 바꾸려한다는 익명서를 날조했다. 이에 자극 받은 고종황제는 독립협회를 해산시켰다.

이승만도 이때 〈매일신문〉과 〈제국신문〉 등 자신이 직접 창간에 간여한 언론매체를 통해 극렬한 반정부 데모를 조직·선동했다는 이유로 투옥되었다.

하지만 투옥의 직접적 계기는 1898년 11월 19일 그가 중추원 의관(議官; 종9품)으로 임명된 다음, 고종황제를 퇴위시키고 일본에 망명 중인 또 다른 갑신정변의 주역 박영효를 영입하여 새로운 혁신 내각을 조직하려는 쿠데타 음모에 가담했기 때문이었다.

중국에 대한 사대(事大)의 상징인 영은문이 1896년 2월에 헐리자 그 자리에 독립협회가 주관하여 그해 11월 26일 독립관과 독립문을 착공. 이듬해 11월 완공했다.

기독교로의 개종

이승만은 경무청 감방에서 무거운 형틀을 쓰고 사형선고를 기다리는 극한상황에 놓였을 때 기독교로 개종했다. 어느 날 문득 배재학당 예배실에서 들었던 "네가 너의 죄를 회개하면 하나님께서는 지금이라도 너를 용서하실 것이다"는 설교가 떠올랐기 때문이다.

순간 이승만은 목을 감싼 나무칼에 머리를 얹고 "오 하나님! 내 영혼과 내 나라를 구해 주옵소서"라는 간절한 기도를 올렸는데, 이 짤막한 기도야말로 그가 기독교에 귀의하는 결정적인 계기가 되었다고 한다.

일단 기독교인이 된 이승만에게는 예상치 못했던 활력이 솟아났다. 그 결과 그는 감옥 안에서 전도·교육·저술활동을 눈부시게 펼칠 수 있었다. 그가 가장 먼저 착수한 일은 미국인 선교사가 차입해준 『신약성경』으로 동료 죄수들과 함께 성경을 공부하는 것이었다.

가끔 벙커(A. Bunker), 언더우드, 존스(George H. Jones) 등 미국인 선교사들이 감옥을 심방하여 성경공부를 도와주었다. 이런 성경연구를 통해 이승만은 옥중에서 한국 개신교 역사상 처음으로 40여 명의 양반 출신 관료와 지식인들을 기독교로 개종시키는 데 크게 기여했다.

감옥서장의 협조로 많은 책과 잡지들이 이승만에게 전달되었다. 미국인 선교사들은 미국의 인기 잡지와 윌리엄 스윈튼(William Swinton)의 『세계사 개요』, 로버트 매켄지(Robert Mackenzie)의 『19세기 역사』와 같은 영문 역사책을 넣어주었다.

밤이면 그는 몰래 들여온 양초에 불을 밝혀 책을 읽고, 염료로 잉크를 만들어 잡지책에다 쓰기 연습을 했다. 간수들은 보고도 모른 척해주었다. 그렇게 쓴 글을 감옥 밖으로 몰래 내보내 〈제국신문〉과 〈신학월보〉에 게재했다. 이승만은

1903

한성감옥에 수감되었을 당시의 동료 복역수들. 왼쪽 끝이 이승만이고, 앞줄 오른쪽 두 번째가 이상재.
뒷줄 오른쪽 끝의 소년은 아버지 대신 감방살이를 했다. 1903년.

『뉴욕 아웃룩(New York Outlook)』 등 영문서적을 탐독하는 한편 중국에서 수입된 신간서적도 많이 읽었다.

　이승만은 감옥 안의 정치범들의 도움을 받아 옥중학교를 열었다. 학교는 15명의 어린이를 가르치는 일로 시작했다. 어린이들은 죄수인 부모를 따라 감옥생활을 하게 된 죄수 아닌 죄수였다. 교육 내용은 서예, 산수, 지리, 일본어, 역사였다. 그리고 그것은 성인교육으로 발전했다. 선교사들이 차입해준 523권의 책으로 옥중 서적실(=도서실)도 운영했다. 옥중 서적실이 설치된 시기는 옥중학교 설립과 거의 같은 1902년 12월경이었다.

　크리스마스 때 옥중에서 관원과 죄수들이 회식을 하기 위해 돈을 모은 것이 계기가 된 듯하다. 이 소식을 들은 외국인 선교사들이 추가로 돈을 내고 해서 책을 구입하고 책장도 만들어, 그런대로 구색을 갖춘 도서실이 감옥 안에 생겨났

다. 이 과정에서 이승만이 주도적 역할을 했음은 물론이다.

이렇게 옥살이 중에도 정신없이 바빴던 이승만은 한가한 틈이 나면 한시(漢詩)를 지었다. 142수에 달하는 이들 한시는 훗날(1961년) 현대어로 고치고 주석을 달아 『체역집(替役集)』이란 제목의 한시집으로 묶었다. '체역'이라는 말에는 '징역살이를 대신하는'이라는 의미가 담겼다.

이승만이 감옥에 있는 동안 밖에서는 대한제국이 망해 갔다. 일본과 러시아는 북위 39도를 경계로 한반도를 분할하려는 음모를 꾸미고 있었다. 1903년 3월에는 콜레라가 전국을 휩쓸었다. 그에 따라 감방에서도 수십 명이 콜레라로 쓰러졌다. 이승만은 몸을 아끼지 않고 헌신적으로 환자들을 돌보았다.

제중원의 에비슨(O. R. Avison) 박사에게 급히 구호를 요청했지만, 미국인 의사의 진료가 허락되지 않아 약품만 보내왔다. 이승만은 애비슨의 지시대로 환자들에게 약을 먹였다.

이승만의 출옥운동에 앞장섰던 미국인 선교사 존스.

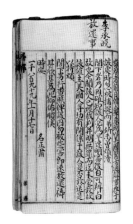

이승만의 석방 여부를 문의하는 미국공사 알렌의 외교 공문.

이승만의 투옥 사실을 보도한 〈독립신문〉 175호.

이승만과 함께 감옥에서 성경 공부를 하던 옥중 동지들.
왼쪽에서 세 번째가 이승만. 앞줄 어린이는 이승만을
찾아온 아들 봉수. 두 젊은이가 손에 든 책이 성경이다.

옥중에서 집필한 『독립정신』

옥중에서 이승만은 우리나라 최초의 영한사전을 만드는 작업에 매달렸다. 그는 선교사들이 차입해준 『영어대사전』과 『화영(和英)사전』(=日英사전)을 참고삼아 A항부터 F항까지를 끝냈는데, 러일전쟁이 터졌다는 소식이 감옥 안에도 들려왔다. 이승만을 비롯한 감옥 안의 정치범들은 통곡했다. 이제 대한제국은 두 강대국 가운데 이기는 쪽에 먹힐 것이 확실해졌기 때문이다.

이승만은 영한사전 집필을 중단하고 『독립정신』을 쓰는 데 온 힘을 기울였다. 원고는 감옥 생활 마지막 해인 1904년의 2월부터 6월 사이에 급

옥중에서 지은 한시(漢詩)를 모아 엮은 「체역집」. 옥살이는 대신한다는 뜻에서 '체역(替役)'이라 명명됐다.(사진 위) 미국인 선교사 알렌과 중국인 채이강이 쓴 중동전기본말을 읽고 우리말로 옮겼다. 그것이 1917년 『청일전기』라는 제목으로 하와이에서 출간되었다.(사진 아래)

히 쓰였다. 감옥 안이라 자료를 구할 수가 없어 체계를 갖춘 단행본을 쓰기보다는 문제가 되고 있는 52개의 주제를 골라 논설 형식으로 썼다. 책 내용의 대부분은 옥중에서 꾸준히 〈제국신문〉에 투고했던 논설이었다.

『독립정신』의 기본 주제는 조선왕국의 '독립 보존'이었다. 아직은 나라가 망하지 않은 상태였으므로, 그가 내린 처방은 조선왕국에 부국강병을 가져다줄 문명개화였다.

이 책에서 이승만은 열강의 침략으로 어려움에 빠진 조선왕국을 폭풍우를 만난 배에 비유했다. 따라서 조선이라는 배가 가라앉지 않게 하려면 집권층인 선원들과 백성인 선객들이 정신을 바짝 차리고 문명개화를 위해 모두 힘을 합쳐야 한다는 것을 역설했다. 이렇게 옥중에서 탈고된 이승만의 처녀작 『독립정신』은 1910년 3월 로스앤젤레스에서 출간되었다.

옥중에서 집필한 원고를 감옥
바깥으로 빼돌리기 위해
노끈처럼 꼬았다. 박용만이 이를
미국으로 가져가 나중에 책으로
출간했다.(사진 위)
영한사전 편찬 작업 대신
이승만이 집필에 매달렸던 첫 저서
『독립정신』. 책으로 출간된 것은
1910년 3월이었으나 이승만의
탁월한 식견이 그대로 드러나는
명저로 꼽힌다.(왼쪽 사진)

우리나라에서 처음으로, 그것도
옥중에서 편찬작업을 벌였던
영한사전 원고. 이승만은 A항에서
F항까지 한글과 한자로 뜻풀이를
했으나 러일전쟁이 터졌다는 소식을
듣자 작업을 그만두었다.

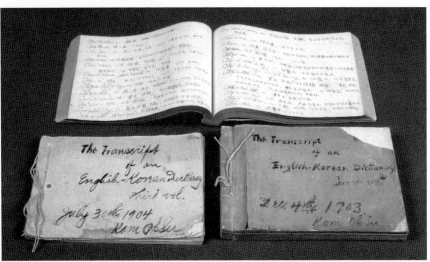

고종황제의 부름을 뿌리치다

러일전쟁에서 일본이 승리해감에 따라 한성감옥의 정치범에 대한 석방이 시작되어 감방 동료들이 하나씩 풀려났다. 미국 선교사들이 백방으로 노력했으나 이승만은 좀처럼 석방자 명단에 끼지 못했다. 거의 막바지인 1904년 8월 9일에 가서야 석방 허가가 났다.

자유의 몸이 된 이승만은 남대문 안쪽의 상동(尚洞) 교회에서 청년학교 교장을 맡았다가 11월 4일 서울을

한일합방에 끝까지 반대한 한규설.

떠나 미국으로 갔다. 일본의 침략적 본성이 노골화되는 시점에서 고종 황제 주변의 개혁파 총신들(민영환과 한규설)이 이승만의 미국 밀파 계획을 세웠다. 그것은 러일전쟁이 끝나고 강화회의가 열릴 때 미국 대통령과 국무장관이 1882년에 체결된 조미(朝美)조약의 '거중조정 조항'에 따라 한국의 독립을 도와주도록 요청하기 위해서였다.

이승만은 1904년 11월 4일, 트렁크 속에 외교문서 여러 개를 숨겨 미국 유학생 신분으로 비밀리에 서울을 떠났다. 그의 아버지와 아들 태산이가 제물포(지금의 인천)까지 따라와 환송했다. 정부의 밀사 자격이었으므로 워싱턴의 대한제국 주미공사관에 보내는 정부 훈령을 가방 밑에 숨긴 이승만은 항구에서 일본행 선박에 올랐다. 동행자로 청년 한 명이 따라갔는데, 그는 이승만이 감옥에 있을 때 많은 도움을 주었던 한성감옥 부소장의 동생이었다.

배는 목포와 부산을 거쳐 일본으로 향했다. 배가 항구에 머물 때마다 이승만은 일본 관리들에게 잡힐까봐 마음을 졸였다. 돈도 없었다. 가진 것이라고는 일본까지 가는 배표와 선교사들의 소개장뿐이었다. 일본의 고베(神戶)에 도착한 이승만은 미국인 선교사의 도움으로 여비를 마련, 하와이로 가는 조선인 노무자

들과 함께 미국행 선박의 3등 선실에
탔다.

난생 처음 태평양을 횡단한 이승만
은 그해 11월 29일 하와이의 호놀룰루
에 도착했다. 그곳에서 하와이 감리교
선교부의 와드맨(John W. Wadman)
감리사와 교포들의 따뜻한 영접을 받
았다. 하룻밤을 묵은 이승만은 하와이
한인들이 모아준 30달러로 다시 3등
선실에 올라 미국 본토로 향했다.

이승만은 12월 6일 샌프란시스코
에 도착한 뒤 육로로 로스앤젤레스와
시카고를 거쳐 섣달 그믐날 수도 워
싱턴에 도착했다. 그는 서울 주재 미

이승만을 밀사로 미국에 파견했던 민영환. 나중에 이승만은
민영환이 자결했다는 소식을 미국에서 듣고 사흘을
울었다고 한다.

국공사로 근무한 적이 있는 친한파 하원의원 딘스모어(Hugh A. Dinsmore)를
통해 국무장관 존 헤이(John Hay)와의 면담을 서둘렀다. 면담을 기다리는 동안
이승만은 1905년 1월 15일 〈워싱턴 포스트〉와의 인터뷰를 통해 일본이 조선 왕
국을 침략하고 있음을 폭로했다. 그의 영어는 미국 신문기자들을 상대할 만큼
능숙해져 있었다.

헤이 국무장관이 와병 중이어서 면담은 2월 20일에 가서야 겨우 이루어졌다.
딘스모어 의원과 함께 국무장관실에서 30분간 헤이를 만났는데, 헤이는 미국이
한국에 대한 조약상의 의무를 다하도록 최선의 노력을 기울이겠노라고 약속했
다. 기쁨에 찬 이승만은 본국의 민영환과 한규설 앞으로 자세한 면담 보고서를
보냈다. 딘스모어 하원의원도 이승만의 보고서 사본을 서울 주재 미국 공사에게
보냈다. 그러나 헤이가 그 해 7월 1일 병사하는 바람에 이승만이 어렵사리 얻어
낸 약속도 허사가 되어 버렸다.

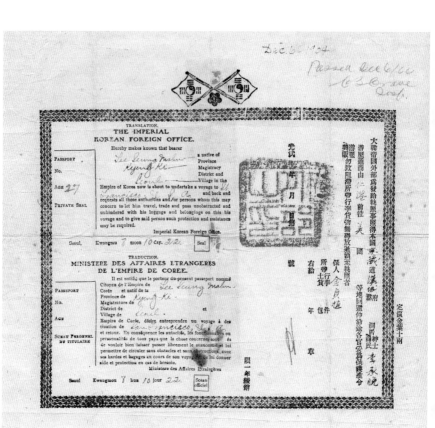

대한제국이 발급한 이승만의 여권. 발급 날짜는 광무 8년
(1904년) 10월 22일.

루스벨트 대통령을 만나러 가면서
정장 차림을 한 이승만. 1905년 8월 4일.

미국에 도착한 이승만은
1904년 12월 말 시카고에
들러 재미 한인들을 만났다.
오른쪽부터 이승만, 이중혁, 문경호.

chicago, 1905

이승만의 영문 일기장.

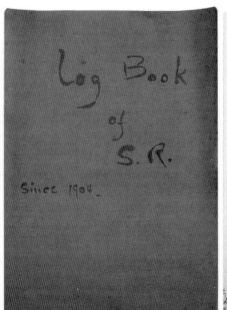

루스벨트를 만난 뒤 민영환 앞으로 보낸 편지.
윤병구 목사와 함께 루스벨트를 면담한 경위에서부터
그런 노력이 무위로 끝난 이유를 소상하게 적었다.
1905. 8. 9.

미국으로 떠나던 1904년 11월 무렵부터 쓰기 시작한
영문일기의 표지. 이승만은 자신의 일기장에 '항해일지
(Log Book)'라는 제목을 달았다.

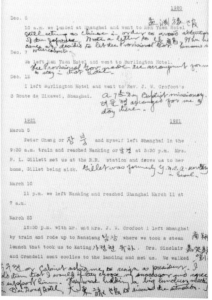

서른 나이에 조지 워싱턴대학 편입

이승만은 조국을 떠날 때 밀사의 사명 외에 미국에서 대학교육을 받으려는 야심을 가슴 속에 품고 있었다. 미국으로 떠나기에 앞서 그는 게일(James S. Gail), 언더우드, 벙커, 질레트(Phillip Gillett) 등 한국 내의 저명한 선교사들이 미국 교계(敎界) 지도자들 앞으로 써준 추천서를 잘 챙겨두었다. 추천서에서 이들 선교사는 이구동성으로 이승만이 정치범으로 옥살이를 하면서 40여 명의 동료 죄수들을 기독교로 개종시킨 사실을 강조했다.

워싱턴에 도착한 이승만은 이 추천장들을 손에 쥐고 코베넌트 장로교회의 햄린(Lewis T. Hamlin) 목사를 찾아가 세례와 유학 지도를 함께 부탁했다. 햄린 목사는 당시 주미 한국공사관의 법률 고문이던 조지 워싱턴대학 니덤(Charles W. Needham) 총장에게 이승만을 소개해주었다. 이렇게 해서 이승만은 1905년 2월, 서른의 나이에 조지 워싱턴대학 콜럼비안 학부에 입학했다.

니덤 총장은 배재학당에서의 학력을 초급대학 과정으로 인정하여 2학년 2학기에 편입시켜 주었다. 동시에 이승만이 장래 교역자가 되겠다는 뜻을 밝힘에 따라 등록금 전액에 해당하는 '목회 장학금'까지 마련해주었다. 이승만은 1905년 4월 23일 부활절에 햄린 목사로부터 세례를 받았다.

등록금은 면제받았으나 생활비가 문제였다. 그래서 이승만은 여러 도시의 YMCA와 교회를 돌면서 강연을 했다. 강연 내용은 한국인의 풍습과 거기에 적응하려는 미국인 선교사들에 관한 것이었는데, 인기가 있어서 〈워싱턴 포스트〉 등 여러 신문에 보도되기도 했다. 이승만의 강연 횟수는 110회를 헤아렸다. 그만큼 영어가 유창해졌다. 그러나 미국인 청중은 대부분 일본에 호의적이었던지라 그들과 다툴 때도 있었다.

대학에서의 성적은 그리 좋지 못했다. 강연으로 시간과 정력을 많이 빼앗긴데

다가, 제대로 먹지 못한 탓이었다. 한국에서 데려온 어린 아들 봉수를 돌보는 것도 큰 문제였다. 어쩔 도리가 없어 아들을 필라델피아의 미국인 가정에 맡겼다. 하지만 아들은 어린 나이에 디프테리아로 죽었다. 이승만은 아들의 죽음도 지켜보지 못하는 불행을 겪었다.

이처럼 어려운 과정을 거쳐 1907년 6월 5일 학사학위(B.A.)를 수여받았다. 이때 그의 나이 만 32세였다. 그에게 계속 관심을 보였던 〈워싱턴 포스트〉에는 졸업식에서 이승만이 가장 많은 박수를 받았다는 기사가 실리기도 했다.

조지 워싱턴대학을 졸업하던
1907년 여름 정장을 하고 포즈를 취했다.

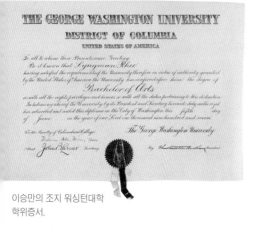

이승만의 조지 워싱턴대학
학위증서.

대학 재학 당시 이승만을 물심양면으로 도와준
보이드(Boyd) 여사. 1914년에 찍은 사진으로 보인다.

THE GEORGE WASHINGTON UNIVERSITY
OFFICE OF THE REGISTRAR

RECORD OF *Syngman Rhee*

COLUMBIAN COLLEGE

Subjects	Year	Hrs.	1st Term	2d Term	Subjects	Year	Hrs.	1st Term	2d Term
Applied Math					Latin 3				
Archæology 1					Math 5	1906/7			C
Architecture					" 7	"			II
Astronomy					"				
Astro-Physics					"				
Botany					"				
Chemistry 1					Mechanical Eng				
" 2					Meteorology				
" 3					Philosophy 25	1906/7			B
" 6					Physics 1				
Civil Eng					" 2, 3				
Economics					Political Science				
Electrical Eng					"				
English 5	1906/7			II	Sociology				
" 1st Req	"			B	Spanish				
" 4					Zoology				
French					Semitics 1	1906/7			B
Geol. and Miner					" 26	"			C
German									
"									
Graphics									
Greek									
"									
History 3	1906/7			C					
" 20	"			a					
Latin									

A=96-100; B=90-95; C=80-69; D=70-79; E=FAILURE; F=FAILURE TO APPEAR

• REMARKS :

July 5, 1907.   *Alan D. Snett*
REGISTRAR

조지 워싱턴대학 재학시절 이승만의 성적표.
1907. 7. 5

매사추세츠의 노드필드에서 열린 만국학도공회에
참석하여 외국에서 온 총대(總代)들과 함께.
맨 뒷줄 오른쪽 끝이 이승만.(사진 위)
이승만이 뉴잉글랜드의 국제기독학생 모임에
참석했을 때의 사진. 앞줄 오른쪽 두 번째가
이승만이다.(사진 아래)

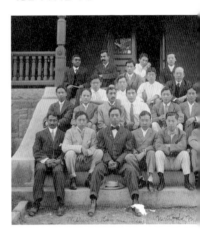

2년 반 만에 하버드 석사, 프린스턴 박사

조지 워싱턴대학을 졸업하자 미국 감리교 선교부는 이승만이 한국으로 돌아가 선교 활동에 헌신하기를 바랐다. 이승만은 내키지 않았다. 누구보다도 아버지가 가장 반대했다. 한국에 돌아오면 감옥에 갈 위험이 크다는 것이었다. 5년 7개월을 감옥에 있어야 했던 아들을 둔 아버지로서는 당연한 염려였다.

이승만은 하버드대학 인문대학원장 앞으로 입학 지망서를 보내면서 2년 이내에 박사학위를 취득하게 해달라고 부탁했다. 하버드대학 측은 당황했다. 미국인 학생 중에도 인문학 분야에서 2년 내에 박사학위를 취득한 선례가 없었기 때문이다. 그래서 대학원장 비서 로빈슨(George W. Robinson)은 시한부 조건 없이 박사과정에 입학하되, 석사과정부터 차근차근 밟으라는 답신을 이승만에게 보냈다.

이승만은 1907년 가을부터 이듬해 여름까지 하버드대학에서 공부했다. 그는 역사학 분야에서 4과목, 정치학 분야에서 2과목, 그리고 경제학 1과목을 택하면서 1년 이내에 석사학위를 마치고 곧장 박사과정을 이수하려 했다. 하지만 경제학 과목에서 낙제학점인 D를 받고, 또 역사학 과목 하나에서 C를 받는 바람에 계획에 차질이 빚어졌다.

게다가 하필 이 무렵 학업을 중단해야 할 사건이 잇달아 일어났다. 1908년 3월 23일 샌프란시스코에서 한국인이 일본의 조선 침략을 찬양하고 다니던 미국인 스티븐스(Durham W. Stevens)를 권총으로 살해했던 것이다. 스티븐스는 일본 정부가 대한제국의 재정고문으로 임명한 친일적 인물로서, 루스벨트 대통령의 친구였다.

하지만 미국인들은 단순한 살인 사건으로 여겨 한국인을 테러리스트 민족으로 오해했다. 더구나 이듬해 하얼빈에서 안중근(安重根)에 의한 이토 히로부미

하버드대학 시절의 이승만(뒷줄 왼쪽 끝)과 동급생들. 가운데 앉은 이는 국제법 담당 객원교수 윌슨(M. M. Wilson).

암살사건이 발생하면서 미국인들의 편견은 더욱 굳어지기에 이르렀다.

그 직접적인 피해자가 이승만이었다. 지도교수가 그의 면담 요청마저 거절했고, 석사학위를 받기 위해 이탈리아 통일운동에 관한 논문을 써서 조교에게 제출했으나 심사에 관해 언질을 들을 수 없었다. 하버드에서 이승만은 외톨이 신세가 된 것이다.

그래서 그는 강연을 나가는 것을 제외하고는 일체 대외 활동을 중지했다. 강연장에서도 미국인 청중들이 일본에 대해 호의적인 것을 보고 좌절감을 느꼈다. 그래서 그는 하버드를 떠났다. 나중에 그는 결국 하버드에서 석사학위를 받기는 했지만, 그것은 한참 시간이 흐른 다음이었다.

하버드대학에서 박사학위 취득이 어렵다는 사실을 깨달은 이승만은 다른 대학원으로의 전학을 궁리하게 되었다. 그는 1908년 겨울에 뉴욕을 방문, 유니언

프린스턴대학 시절 기숙사 내 자신의 방에서. 방바닥에 책가방이 놓여 있고, 책상 한 모퉁이에 이승만이 즐기던 테니스 라켓이 보인다. 1909.

신학교 기숙사에 머물면서 콜롬비아대학과 시카고대학의 박사과정에 입학할 준비를 서둘렀다. 이때 서울에서 사귀었던 북장로교 선교사 홀(Ernest F. Hall)을 만났다. 이승만의 딱한 사정을 들은 홀은 자신의 모교인 프린스턴대학으로 옮길 것을 강력히 권했다.

다음날 아침 이승만은 속달우편을 받았다. 봉투 안에는 프린스턴행 기차표와 함께 프린스턴 역에서 만나자는 편지가 들어 있었다. 선택의 여지가 없었던 이승만은 당장 프린스턴으로 갔다. 프린스턴대학 대학원 측은 이승만에게 2년 이내에 박사과정을 마칠 수 있을 것이라는 보장과 더불어 프린스턴신학교 기숙사인 칼빈 클럽에서 무료로 생활할 수 있는 혜택까지 베풀어주었다. 만학도였던 이승만은 대학총장 윌슨(Woodrow Wilson), 대학원장 웨스트(Andrew F. West), 그리고 신학교 학장 어드만(Charles R. Erdman) 등의 총애를 받으면서 즐겁게 학업에 열중했다.

이승만은 마지막 학기에 「미국의 영향을 받은 국제법상 중립(Nutrality As Influenced by the United States)」이라는 제목의 학위논문을 집필했다. 지도교수는 에드워드 엘리어트(Edward G. Elliot)였다. 그의 논문은 3명의 심사위원 교수들로부터 '우수' 평점을 받아 무난히 통과되었고, 졸업 후인 1912년 1월 프린스턴대학 출판부에서 발간되었다. 1910년 7월 18일의 졸업식에서 윌슨 총장이 이승만에게 직접 박사학위를 수여했다.

박사학위가 통과된 뒤 이승만은 하버드대학으로 편지를 보내 석사학위를 받게 해달라고 요청했다. 하버드대학원 측은 서머스쿨에 등록하여 한 과목(미국사)에서 B 이상의 성적을 따라고 제안했다. 이승만이 이 제안대로 함으로써 프린스턴대학에서 박사학위를 받기 5개월 전인 2월 23일, 하버드대학의 석사학위(M.A.)를 취득할 수 있었다.

이로써 이승만은 세계적 명문 하버드대학과 프린스턴대학에서 2년 반 만에 석·박사 학위를 취득했다. 미국대학에서 이렇게 짧은 기간에 인문·사회과학 분야의 박사학위를 취득한 사람은 한국인으로서는 이승만이 최초일 뿐 아니라, 미

하버드대학 석사 학위증.

하버드대학 시절 이승만이 쓴 역사노

프린스턴대학에서 박사학위를 받고 찍은 기념사진.

국인 중에도 극히 드물었다.

프린스턴 시절 신학대학원장 찰스 어드만, 대학원장 앤드루 웨스트, 그리고 총장 우드로 윌슨은 모두 이승만을 도우려고 애썼다. 특히 윌슨 총장 부부와 세 딸은 그를 집으로 자주 불러 피아노를 치고 노래를 부르면서 즐겁게 해주었다.

특히 둘째 딸인 제시(Jessie Wilson)가 이승만에게 동정적이었다. 그녀는 나중에 이승만이 하와이에서 교육 사업을 하고 있을 때 결혼 청첩장을 보낼 정도로 가까운 사이였다. 윌슨 총장은 손님들을 만날 때마다 이승만은 장차 한국 독립을 되찾을 사람이라고 소개하고, 그를 강연 연사로 추천했다.

졸업식에서 이승만에게 박사학위를 준 사람도 윌슨이었다. 그것은 윌슨이 총장으로서 참석한 마지막 졸업식이었다. 그 길로 윌슨은 대학을 떠나 뉴저지 주지사가 되었고, 1912년 11월에는 민주당 후보로 출마하여 제28대 미국 대통령에 당선되었다.

하버드대학 성적표.
경제학에서 D를
받은 게 두드러진다.

고국 땅에서 펼친 YMCA 활동

박사학위를 받아도 갈 곳이 마땅찮아 실의에 빠진 이승만에게 서울 기독청년회(YMCA)로부터 연락이 왔다. 한국에 돌아와 일을 맡아 달라는 것이었다. 제의를 받은 이승만은 프린스턴대학에서 박사학위를 수여받은 다음날 수락 편지를 썼다. 그는 자신에게 책정된 연봉 900달러 가운데 180달러를 선불로 받아 귀국에 필요한 배표와 기차표를 구입했다. 이삿짐은 대부분 책이었고, 늘 사용해온 타이프라이터 등이 포함되었다.

1910년 9월 3일, 이승만은 뉴욕항에서 영국의 리버풀로 향하는 기선 발틱호에 몸을 실었다. 태평양 항로를 택하지 않고 대서양 항로를 택한 것은 유럽의 나라들을 살펴보기 위해서였다. 일주일의 항해 끝에 리버풀에서 배를 내린 이승만

서울YMCA 성경연구반 학생들이 건물 정면 앞에 선 이승만과 질레트 총무의 발언에 귀를 기울이고 있다.
두루마기에 학생모를 쓴 모습이 이채롭다.

은 런던, 파리를 구경했다.

그리고는 베를린, 모스크바를 거쳐 시베리아 횡단철도를 타고 만주에 도착했다. 만주에서 압록강 다리를 건너 한반도로 들어올 때 한국의 새로운 지배자가 된 일본 관리들로부터 까다로운 입국 심사를 받으며 망국민의 슬픔을 맛보아야 했다.

서울 YMCA에서 이승만은 성경과 '만국공법'(萬國公法=국제법)을 가르쳤다. 이승만은 당시 최고 학력의 지식인이었으므로 강연을 듣기 위해 수많은 청년이 모여들었다.

귀국 이듬해에는 봄, 가을 두 차례에 걸쳐 전국을 다니면서 교회와 학교를 방문했다. 그는 강연과 설교를 통해 한국인들에게 자유주의 사상을 불어넣고 민족 의식을 일깨워 주려고 했다. 당시 그는 기차 타고 1천418마일, 배 타고 550마일, 말 또는 나귀 타고 265마일, 우마차 타고 50마일, 걸어서 7마일, 가마 또는 인력 거 타고 2마일 등 도합 2천300마일(3천700킬로미터)을 누비면서 13개 선교구역

1911년 11월 4일부터 열흘간 서울
YMCA에서 열린 부흥회.
지휘자 곁에서 함께 찬송가를 부르는
이승만과 선교사 게일의 모습이
보인다.

1910년 크리스마스 기념행사를
준비하는 서울YMCA 성경연구반
학생들.(사진 아래)

을 방문하고, 33차례의 집회를 통해 7천535명의 학생을 만났다고 한다.

지역적으로는 남으로 광주, 전주, 군산까지, 북으로 평양, 선천까지 방문하여
학생 YMCA를 조직하는데 성공했다. 그로 인해 이승만은 일본 헌병들의 감시를
받게 되었다. 신변의 위협을 느낀 이승만은 한 걸음 뒤로 물러나 종로학당 교장
으로만 일했다.

Christmas Exercises of
the Bible Class Prog. 1910

'105인 사건'으로 가해진 일본의 압박

하지만 이승만의 신중한 처신도 오래갈 수 없었다. 일제가 '105인 사건'을 조작해 개신교 세력의 민족운동을 타도하려 했고, 그 파장이 이승만에게도 밀려왔기 때문이다

사건의 발단은 평안북도 선천의 기독교계 신성(信聖)학교 교사와 학생들이 초대 총독 데라우치 마사타케를 암살하려 했다는 조선총독부의 날조에서 비롯되었다. 경찰은 1911년 11월 11일, 평북 선천의 신성학교 학생 20명과 교사 7명을 검거하여 서울로 압송했다. 그 후 700명이 검거되었고, 그중 123명이 고문을 받은 다음 기소되었다. 1912년 6월 28일에 열린 첫 공판에서 105명이 실형을 선고받았다.

이승만도 위험한 인물로 지목되어 당연히 체포 대상이었지만 한국 YMCA 총무였던 필립 질레트와 일본 YMCA 지도자인 존 모트(John R. Mott) 같은 미국인 선교사들의 보호로 체포를 면했다. 이들 미국인 선교사들은 미국에서 잘 알려진 이승만을 체포하면 외교적 마찰이 일어날 것이라고 경고했던 것이다. 당시

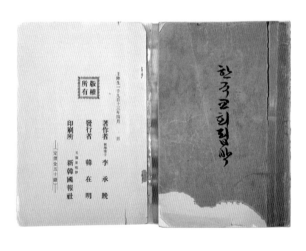

이승만이 1913년 4월 하와이에서 펴낸 『한국교회핍박』의 표지와 저작자의 이름 등을 밝힌 판권 페이지.
이 책에서 이승만은 이른바 '105인 사건'에 대한 해외의 반응을 분석하면서 일본을 비판했다.

미국으로 떠나기 전 서울YMCA 간부들과 송별 모임을 가진 후 기념촬영.
앞줄 가운데가 이승만, 그 곁에 모자를 든 사람이 이경직 목사다.

일본에 있던 동북아시아 감리교 책임자 해리스(Merriman C. Harris)가 사건에
항의하느라 한국으로 온 것도 그의 체포를 막는 데 도움이 되었다.

그러나 미국인들의 보호막도 오래갈 수는 없었다. 이승만에게 남은 길은 애국
계몽 운동을 그만두거나, 아니면 한국을 떠나는 것뿐이었다. 선교사들은 한국을
떠날 것을 적극 권유했다. 때마침 4년마다 열리는 세계 감리교 총회가 1912년 5
월 미네소타 주의 미니애폴리스에서 열릴 예정이었다. 이승만은 주변 인물들의
도움으로 거기에 참석할 한국 대표로 뽑힐 수 있었다.

이승만은 동대문 밖의 자택을 저당 잡혀 여비를 마련한 뒤 37회 생일인 1912
년 3월 26일 집을 나섰다. 그것은 그야말로 기약 없는 망명길이었다. 이승만은
중풍으로 몸져누운 부친에게도 눈물로 작별인사를 했다. 75세의 부친은 힘겹게
문 앞까지 배웅을 나왔으나 아들의 얼굴을 외면한 채 손만 흔들었다. 이것이 이
들 부자(父子)의 마지막 만남이었다.

다시 미국 망명길에

1912년 3월 29일, 중간 기착지 일본의 도쿄에 도착한 이승만은 한국YMCA 근처의 여관에 투숙했다. 이날 저녁 한국YMCA회관에는 67명의 한국 유학생들이 모여 이승만을 환영해주었다.

보름 가까이 일본에서 머무는 동안 이승만은 도쿄에 한국YMCA의 기반을 다지기 위해 애를 썼다. 유학생들을 대상으로 한 특별집회에 나가 강연을 하기도 했고, 도쿄 인근 가마쿠라에서 열린 한인학생대회에 참가하여 의장으로 회의를 이끌기도 했다.

4월 10일, 이승만은 해리스와 함께 배에 올라 미국으로 떠났다. 항해 도중 저

일본 도쿄에서 1912년 4월 6일에 열린 이승만 송별회 기념사진. 앞줄 오른쪽 세 번째가 이승만이고 그 왼쪽이 민규식(閔奎植). 오른쪽이 김정식(金貞植)이다. 뒷줄 맨 오른쪽이 신석우(申錫雨), 오른쪽에서 아홉 번째가 문일평(文一平), 열 번째는 김성수(金性洙), 사진 오른쪽 원내는 안재홍(安在鴻)이다.

유명한 호화 여객선 타이타닉호가 북대서양에서 빙하와 부딪혀 침몰했다는 소식도 들었다. 두 사람은 캐나다의 빅토리아에서 배를 내려 미국의 시애틀을 거쳐 감리교 총회가 열리는 미네소타의 미니애폴리스로 갔다.

총회는 5월 1일 막을 올려 29일까지 계속되었다. 이승만은 배재학당 교사였던 노블 박사와 한 방을 썼다. 이승만에게도 연설 기회가 주어졌다. 그는 "한국의 자주 독립이 국제평화에 필수이며, 이를 위해 세계의 모든 기독교도들이 단결해야 한다"는 취지의 연설을 했다. 하지만 총회의 결론은 지금까지 감리교 선교부가 해온 대로 일본정부와 좋은 관계를 계속 유지해야 한다는 원칙을 재확인하는 데 그쳤다. 이승만에게 남은 것은 허탈감뿐이었다.

그 후 6개월 동안 이승만은 일거리를 찾느라 시카고, 프린스턴, 볼티모어 등지를 다니며 친지들을 만났다. 교수 자리를 얻을 생각도 해보았다. 프린스턴대학 은사 윌슨이 대통령 후보로 지명된 민주당 전당대회를 참관하기도 했다.

도쿄 인근 가마쿠라에서 1912년 3월 30일부터 4월 5일까지 개최된 한인 학생대회 참가자들. 대회 의장을 맡은 이승만(뒷줄 가운데)의 좌우에 헤리스와 부룩크만이 서 있다.

그리고 학창 시절 친하게 지냈던 윌슨의 둘째 딸 제시에게 부탁하여 1912년 6월 19일에 윌슨과 그의 가족들을 뉴저지에 있는 별장에서 만날 수 있었다. 이승만은 그 후로도 두 차례 더 윌슨을 만나 일본에 대한 영향력을 발휘해주도록 요청했으나 신통한 답을 얻지는 못했다.

호놀룰루에 도착한
1913년 2월 3일
마중 나온 하와이
교민들과 함께.
이날에야 아버지의
타계 소식을 들은
이승만의 표정이
어둡다.

하와이를 독립운동 기지로 삼다

이승만이 어찌할 바를 몰라 방황하고 있을 때 하와이로부터 반가운 소식이 왔다. 한성감옥 동지였던 박용만이 하와이로 와서 한인 교육을 맡아 달라고 요청하는 편지를 보내온 것이었다. 박용만은 네브래스카대학을 졸업하고 하와이로 먼저 가서 〈국민회보〉 편집인 일을 맡고 있었다.

샌프란시스코를 떠난 이승만은 일주일의 항해 끝에 1913년 2월 3일 오전 8시 호놀룰루 항구에 닿았다. 박용만이 요란하게 선전해둔 덕으로 수많은 교포들이 부두에 나와 이승만을 따뜻하게 맞아주었다. 그렇지만 그는 도착하자마자 서울의 부친이 두 달 전 세상을 떠났다는 슬픈 전보를 받아야 했다.

이윽고 처연한 심정을 가라앉힌 이승만은 교민들의 실태를 파악하기 위해 하와이의 여러 섬을 찾았다. 교민들은 파인애플 농장에서 저임금의 고된 노동으로 시달리고 있었으며, 보다 시급한 문제는 자녀교육이었다.

이승만은 일단 〈태평양 잡지(Korean Pacific Magazine)〉라는 타이틀의 한글 월간잡지를 9월 20일자로 창간했다. 이 잡지는 1930년 말에 〈태평양주보 (Korean Pacific Weekly)〉로 제호가 바뀔 때까지 17년 동안 계속 발간되었다. 초창기에 이승만은 주필을 맡아 건필을 휘두르며 한인교포들의 가슴 속에 기독교 신앙과 애국 독립사상을 고취했다.

이승만이 처음 호놀룰루에 도착했을 때 그곳에는 이미 미국 감리교 선교부에서 운영하는 '한인기숙학교'가 있었다. 이 학교는 하와이 각 지역에서 모여든 남학생 60여 명에게 기숙의 편의를 제공하고 한국어를 가르치는 초급학교였다. 이승만은 그 해 9월 감리교 선교부 와드맨 감리사로부터 이 학교의 교장 직을 인수받아 '한인중앙학원'이라 이름을 고쳤다.

이승만이 인수한 뒤 예전보다 명성이 높아진 한인중앙학원에는 여러 섬에서

호놀룰루 푸우누이에 있는 이 아담한 집이 이승만의 거처였다.

향학열에 불타는 여학생들이 몰려왔다. 이들을 수용하고 교육하기 위해 모금 캠페인을 벌인 이승만은 1914년 7월 29일 '전적으로 한인들의 성금만으로' 푸우누이에 24명을 수용할 수 있는 잠정적인 여학생 기숙사를 마련했다.

이렇듯 모든 일이 순탄하게만 보였던 1915년 6월, 이승만은 갑자기 한인중앙학원을 사임했고, 동시에 미국 감리교 선교부에서도 탈퇴했다. 그가 이런 결단을 내린 것은 무엇보다 그 전 해 초에 와드맨의 후임으로 부임한 감리사 플라이(William H. Fry)가 사사건건 간섭하면서 의견대립이 첨예화되었던 탓이었다.

플라이의 견제에 반발한 이승만은 하와이 각 지역을 순회하면서 동포들에게 한인학교 및 교회의 자립을 역설하면서 재정적 지원을 호소했다. 그 결과 1916년 정월까지 7천700 달러에 달하는 거액을 모을 수 있었다. 이에 앞서 그는 1915년 7월에 '대한인 국민회'의 보조로 3에이커의 대지를 구입했다. 이 같은 물질적 지원을 바탕으로 새로운 교실을 마련한 이승만은 1916년 3월 10일, 여학생 기숙사로 모여든 73명의 여학생을 중심으로 '한인여자 성경학원'이라는 본격 여학교를 출범시켰다.

그 후 그는 1918년 9월에 이 여학교를 '한인기독학원'으로 개명하면서 미국 감리교 선교부에서 완전히 분리된 남녀 공학의 민족교육기관을 만들었다. 그리고 한인여자 성경학원의 부지와 국민회 소유인 엠마(Emma) 기지를 모두 매각하여 호놀룰루 카이무키 구역에 9에이커 규모의 대지를 확보, 교실을 신축한 뒤 교육을 실시했다.

이승만은 한인기독학원을 확장하느라 1921년 2월 카이무키의 학교 부지를 1만 달러에 매각하고 새로이 칼리히 계곡에 4천 에이커나 되는 대지를 매입했다. 그는 여러 가지 애로에도 불구하고 8만 4천 달러에 달하는 예산을 확보하여 여기에다 새로운 교사를 세웠다.

이승만이 1913년 9월에 창간한 한글 월간잡지
〈태평양주보〉.

한인기독학원이 설립되자 한인중앙학원에 다니던 학생이 많이 옮겨왔다. 이 학교는 1928년까지 기숙사 제도로 운영되었으며, 주로 소학교 6학년 과정을 이수시켰다. 학생 수는 매년 80~90명 정도였고, 10년 동안 이 학교를 정식으로 졸업한 학생은 150명이었다.

1952년에 하와이 한인 이민 50주년을 맞아 현지 교민들은 대통령이 된 이승만의 뜻을 받들어 한인기독학원의 토지와 재산을 매각하여 15만 달러를 조성했다. 이 돈으로 인천의 용현(龍峴)에 '인천(仁川)'과 '하와이(荷蛙伊)'의 첫 글자를 딴 인하(仁荷)공과대학(현재의 인하대학교)을 설립하는 기금으로 내놓았다. 이로써 망명객 이승만이 독립운동의 일환으로 각고의 노력 끝에 설립했던 한인기독학원의 전통이 국내의 인하대학교로 연면히 이어지게 되었다.

one of the sugar plantations in Kanai, T.H. in 1913

카우아이의 사탕수수 농장에서 만난 교포들과 기념촬영했다. 1913.

크리스마스임에도 여학생 기숙사 건립을 위한 땅고르기 작업에 나선
이승만(오른쪽에서 일곱 번째)과 교포 유지들. 1916. 12. 25.

1913년 5월 마우이의 한인 감리교회를 찾았을 때 그곳 사탕수수 농장으로 이민 온 교포들과 함께.
앞쪽 어린이들 뒤에 한 어린이를 안고 있는 이승만의 모습이 보인다.

동료들과 피크닉을 즐기느라 찾아간
오하우의 모아나루아 공원에서.
1913. 7. 19.

이승만이 한인중앙학원 원장을 맡은 뒤 처음 졸업하는
학생들과의 기념사진. 왼쪽의 여성은 학교 사감이다.
1914.

한인기독교회를 세우다

이승만은 여러 섬에 흩어져 사는 동포 신자들을 심방하면서 독립된 한인교회 설립의 필요성도 역설했다. 그 결과 한인들은 이승만이 마련한 '여학생 기숙사'에 모여 함께 예배를 보다가 1918년 7월 29일 호놀룰루에 '신립(新立)교회'를 설립하기에 이르렀다.

같은 해 12월 23일 소집된 신립교회 평신도회는 교회 명칭을 '한인기독교회'로 바꾸기로 결정함으로써 이승만이 이끄는 새로운 민족교회가 정식으로 탄생했다.

한인기독교회는 어느 기성 교파에도 속하지 않는 자치교회였다. 이 제도는 미국 회중교회(Congregational Church)의 모범을 따른 점, 즉 평신도 위주의 민주주의적 원칙을 따른 점에 그 특색이 있었다. 예배당은 호놀룰루와 와히아와, 그리고 힐로 등에도 설립되었다. 또한 1936년에 이르러서는 로스앤젤레스에도 한인기독교회가 설립되었다. 1938년까지 여기에 적을 둔 세례 교인 수는 1천263명에 달했다.

초창기에 한인기독교회는 일정한 예배당 건물을 갖추지 못했다. 1922년 11월 스쿨가에 조그만 예배당을 마련했다가 1928년에 확장 목적으로 이를 처분한 다음 10년 동안 '신흥 국어학교' 교실에서 예배를 보았다. 1938년 4월 24일이 되어서야 릴리하에 광화문의 모습을 본뜬 건평 4천250평방 척(尺)의 멋있는 예배당 건물을 낙성할 수 있었다.

1919년 한인기독학원 졸업 앨범. 중앙의 이승만 사진 아래 '최대의 행복은 최대의 활동에서 비롯된다'는 교훈이 적혀 있다.

이승만이 1918년에 설립한 한인기독학원의 남녀 학생들과 교직원. 건물 정면에는 원래의 '알리오라니' 학교 이름이 그대로 남아 있다. 이승만(왼쪽 끝에서 네 번째)은 이 건물 1층은 예배당, 2층은 교실, 3층은 여학생 기숙사로 썼다.

이승만이 4만여 달러를 들여 1938년 4월 광화문을 본떠 지은 호놀룰루 한인기독교회.
이승만을 후원해준 대한부인 구제회(救濟會) 멤버들이 기념촬영했다. 1939. 2.

미국 감리교 선교부를 탈퇴한 이승만이 신립교회를 건립하는 데 도움을 준 교민들과 함께. 앞줄 왼쪽에서 두 번째와
세 번째 여인 사이에 이승만이 서 있고, 모자를 쓴 여인이 이승만을 정성껏 보필한 노디 김이다.

윌슨의 민족자결주의에 대한 기대와 좌절

제1차 세계대전이 끝나가는 1917년, 미국 대통령 윌슨은 평화조약을 체결하기 위한 조건으로서 14개조 원칙을 발표했다. 그 속에 민족자결의 원칙이 표명되자, 강대국들의 지배 밑에 놓여 있던 피압박 민족들은 독립에 대한 기대로 부풀었다.

1919년 초 제1차 세계대전의 전후 문제를 처리하기 위해 교전국들이 파리에서 평화회의를 열 예정이었다. 이승만은 여기에 참석해 한국의 독립을 호소하려고 했다. 프린스턴대학의 스승이었던 윌슨 대통령이 회의를 주재할 것이

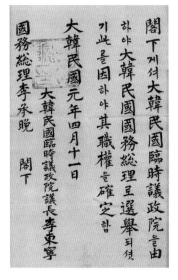

상하이의 대한민국 임시 의정원(의장 이동녕)에서 1919년 4월 11일 이승만을 '대한민국 국무총리'로 선출했음을 알리는 임명장.

므로, 그 회의에서는 한국인의 독립 호소가 먹혀들 것도 같았다.

이승만은 1919년 1월 6일 호놀룰루를 떠나 본토로 갔다. 그리고 2월 13일 필라델피아에서 서재필과 의논한 다음, 한인대회를 열어 한국인의 독립 의지를 미국인들에게 보여주자고 결정했다. 두 사람은 대회 초청장을 교포들에게 발송했다.

이승만은 필라델피아를 떠나 워싱턴으로 달려가 파리에서 일시 귀국 중인 윌슨을 면담하려고 애썼다. 2월 27일에 그는 내무부장관 레인(Franklin Lane)의 소개로 국무장관 대리 폴크(Frank C. Polk)를 만나 파리행 여권을 시급히 발급해주도록 요청했다.

그러나 내무장관을 통해 보내온 윌슨의 회답은 파리에 오지 말라는 것이었다. 한국인 대표가 회의장에 나타나면 일본의 항의로 골치 아픈 일이 일어날 것으로 염려했기 때문이다. 이승만은 좌절감을 느꼈다.

필라델피아 한인대표자대회

    이처럼 답답했던 상황에서 3월 10일 국내로부터 3·1운동이 일어났다는 기쁜 소식이 들려 왔다. 국내에서 거족적인 항일운동이 터졌다는 소식에 고무 받은 이승만은 서재필과 더불어 미리 계획했던 필라델피아 한인대표자대회 준비에

박차를 가하였다.

이처럼 고조된 분위기 속에서 예정되었던 한인대회가 4월 14일부터 사흘 동안 150여 명의 미국 내 한인들과 미국인들이 모인 가운데 필라델피아 중심부의 소극장에서 열렸다. 회의가 열리고 있는 도중에 이승만이 상하이의 대한민국 임시정부 수반(대통령이 없는 국무총리)으로 선출되었다는 소식이 들어왔다.

그에 따라 회의는 단순한 독립선언을 넘어 독립 후의 건국 구상을 논의하는 자리로 바뀌었다. 그 바람에 대회는 미국이 독립할 당시 건국을 논의한 제1차 대륙회의를 모방하여 '제1차 한인회의'(First Korean Congress)로 명칭이 바뀌었다.

제1차 한인회의가 끝나자 한국인들은 태극기와 성조기를 양손에 들고 필라델피아 중심가의 미국 독립기념관을 향해 시가행진을 벌였다. 시가행진에는 필라델피아 시장도 참여했다. 그의 협조로 군악대가 선두에서 행렬을 이끌었다.

미국독립기념관에 도착한 이승만은 3·1운동 당시 서울에서 발표되었던 '독립 선언문'을 낭독했다. 그리고 "대한공화국 만세!" "미국 만세!"를 불렀다. 이승만은 독립기념관의 협조를 얻어 1775년 제2차 대륙회의 의장이었으며, 미국 헌법에 맨 먼저 서명한 핸콕(John Hancock)이 앉았던 의자에 앉아 기념촬영을 했다.

한 가지 에피소드는 당시 서울에서 선포된 '독립 선언문'을 영어로 번역해 낭독했다기보다는, 오히려 미국에서 독자적으로 썼다고 봐야 할 만큼 그 내

1919년 4월 14일부터 필라델피아에서 열린 한인대표자대회에 참석한 대표들. 이승만, 서재필, 민찬호, 정한경 등이 자리를 함께 했다.

용이 미국의 독립선언서와 유사했다는 점이다. 그만큼 모든 것이 엉성한 가운데 애국심 하나로 벌인 행사였다고 볼 수 있다. 필라델피아 대회를 마친 이승만은 워싱턴으로 돌아왔다.

1919년 5월 초 이승만은 워싱턴의 한 빌딩에 사무실 두 개를 구해 '한국위원회(The Korean Commission)'라는 간판을 달고 하나는 자신의 집무실로, 또 하나는 비서실로 사용했다. 이 사무실 개설을 통해 이승만이 한 일은 한국에 임시정부가 수립됐으니 한국을 공식적으로 인정해 달라는 내용의 서한을 윌슨 대통령을 비롯해 각국의 지도자들에게 보내는 것이었다. 물론 성과는 전혀 없었다.

이승만은 미국에서 정규 대학교육을 받은 엘리트 청년들을 참모로 기용했다. 이들 이외에 미국인 변호사 돌프(Frederic A. Dolph)가 위원부의 법률고문으로, 그리고 노디 김 및 메이본(Maybourne) 양이 사무원으로 채용되었다.

한인대표자대회가 끝난 4월 16일, 독립기념관을 찾아가 미국헌법에 가장 먼저 서명한 핸콕(John Hancook)이 앉았던 자리에서 태극기를 들고 포즈를 취한 이승만. 뒤에 선 사람 중 오른쪽 두 번째가 정한경, 세 번째는 노디 김.

임시정부 지도자로 떠오르다

　3·1운동 직후 한반도 안팎에서는 여러 개의 임시정부가 나타났다. 이승만은 모든 임시정부에서 주요 지도자로 추대될 정도로 주목을 받았다. 최고 수준의 학력과 오랜 경력의 교육자 생활 때문이었다.

　1919년 3월 21일 러시아의 블라디보스토크에서 대한인 국민회가 노령(露領) 임시정부를 선포했다. 노령 임시정부는 이승만을 '국무 및 외무총장(國務及外務總長)'(국무총리 겸 외무장관)으로 추대했다. 뒤이어 4월 11일에 선포된 상하이 임시정부에서는 이승만이 대통령과 부통령이 없는 국무총리로 지명되어 사실상의 정부 수반

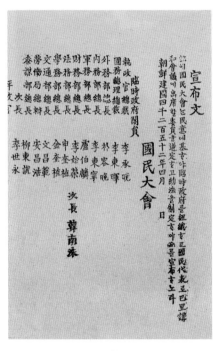

이승만을 집정관 총재로 뽑았다는 사실을 알리는 한성정부의 1919년 4월 23일자 선포문.

이 되었다. 그리고 4월 23일 서울에서 선포된 한성(漢城) 임시정부는 최고의 자리인 집정관 총재로 이승만을 뽑았다.

　세 임시정부의 직책 가운데서 이승만은 한성 임시정부의 집정관 총재를 가장 마음에 들어 했다. 왜냐하면, 한성 임시정부는 4월 16~23일에 전국 각지의 대표들이 비밀리에 모여 조직한 것으로 알려져 정통성이 있는 것으로 여겨졌기 때문이다.

　이승만은 워싱턴을 주 무대로 삼아 독립운동을 폈다. 활동 본부였던 한국위원

1920년 촬영한 대한민국 임시 대통령으로서의 공식 사진.

회는 3·1운동 때부터 해방 이후까지 단속적으로 유지되다가 정부수립 후에는 주미대사관으로 바뀌었다. 이승만이 통합된 임시정부의 '임시 대통령'으로 공식 선출된 1919년 9월경부터 이 위원회는 '구미위원부'(The Korean. Commission to America and Europe)라고 불렸다.

상하이에서는 세 개의 임시정부들을 하나로 통합하려는 운동이 벌어졌다. 통합은 서울의 한성 임시정부 조직을 토대로 상하이 임시정부와 노령 임시정부를 합치는 방식으로 이루어졌다. 그에 따라 1919년 9월에 통합된 대한민국 임시정부가 상하이에 세워지게 되었다. 임시대통령에는 이승만이 추대되었다.

이승만이 한성정부 집정관 총재로 선출된 다음 미국교포들이 만든 컬러 우편엽서.

호놀룰루 한인기독학원에서 개최된 이승만의 한성정부 집정관 총재 취임 축하행사 광경.

'Republic of Korea'의 대통령(President)

워싱턴에 개설한 집무실에서 1922년 1월에 촬영한 사진.

이승만은 한국 임시정부를 영어로 'Republic of Korea'라고 호칭하였고, 6월부터 '집정관총재'를 영문의 '대통령'(President)으로 번역하여 대외적 명칭으로 삼았다.

이승만은 6월 14일에는 미국과 영국, 프랑스, 이탈리아 등 열강 정부에, 그리고 6월 27일에는 파리 강화회의 의장 끌레망소(George Clemenceau)에게 각각 한국에 완벽한 자율적 민주정부가 탄생했다는 것과, 자신이 대통령으로 선출되었다는 사실을 통고했다.

6월 18일에 그는 일본 천황 앞으로 국서를 발송, 한반도에 적법적인 대한공화국이 수립되었으므로 일본은 당장 한반도에서 모든 일본군대와, 외교관을 제외한 관리들을 철수시킬 것을 촉구했다. 이 국서는 워싱턴 주재 일본대사관에 전달되었다.

또한 그는 호놀룰루에서 3·1운동을 주제로 한 『대한독립혈전기(大韓獨立血戰記)』를 발간했다. 책을 낸 출판사는 자신이 운영하던 태평양잡지사였다. 이승만은 책의 첫 머리에 자신의 사진과 함께 「대통령 선언서」라는 글을 실어 신생 대한민국에 관한 홍보를 펼쳤다.

이어서 우편엽서와 리본 등도 만들어 한인교포들로 하여금 널리 활용토록 권장했다.

SYNGMAN RHEE
PRESIDENT

June
Eighteenth
Nineteen Nineteen

Your Majesty:

Permit me to at once assure Your Majesty, and the people of Japan, of our sincere intent to establish perpetual peace, good will and co-operation between the Peoples of Japan and Korea.

We first address Japan, with the hope and may we not say with the expectation, that our differences may be explained and done away with, avoiding outside intervention. May we not now, bespeak from Japan, her aid and co-operation, appealing to her generous impulses, for the welfare of a sister State?

I am impelled by duty to my people to officially inform you, and without anger, animosity or offensive intent, that on April 23rd., 1919, Korea became a completely organized, self governed State. All formalities were strictly followed and adhered to. A call and declaration that had been prepared by consent and will of the people of Korea, was publicly read and proclaimed in over three hundred places in Korea, simultaneously, on March 1st., 1919.

Complying with that declaration and call, Delegates were elected by the People from each of the thirteen Provinces. These Delegates convened at Seoul, Korea, on April 23rd., 1919 and there and then organized and created the Korean National Council, a representative legislative body, to govern Korea. The Korean National Council at the same session, honored me, by electing me President of the Republic of Korea, and also elected other executive officers.

Other Powers, especially those with whom Korea has Treaty covenants, calling for their good offices, have been officially notified of these facts. No doubt you have already been fully advised of them through other channels.

Korea is now in a position to govern herself, and in her own way. She has chosen the representative form of government, of and by the people, in regular, orderly manner.

It is my duty, and the desire of the people of Korea, that in the name, and by the authority of the Republic of Korea, that I ask Japan to withdraw all armed and military forces from Korea, and all Japanese officials, civilian and otherwise, of every description, with the exception of the usual diplomatic envoys and counsels. It is our desire that you, in regular form recognize the Republic of Korea, as a distinct, independent, sovereign State, and that all supposed Treaty covenants inconsistent with these objects be acknowledged to be void.

Let past differences and disputes be now adjusted and eliminated, and let us enter upon a new era of perpetual peace and good will between our two nations.

Again assuring your Majesty of the sincere intent of this communication to bring about such friendly relations, I am, Your Majesty

Respectfully,

President of the Republic of Korea.

To His Majesty,

'대한공화국 대통령' 이승만이 1919년 6월 18일자로 일본 천황에게 보낸 공문.

구미위원부의 다양한 활동

구미위원부 출범 후 이승만이 맨 먼저 착수한 일은 독립운동 자금 모금이었다. 그는 교포들이 내는 성금이나 국내에서 비밀리에 송금되는 의연금 등만으로는 독립운동을 제대로 추진할 수 없다고 판단, '대한민국' 명의의 독립공채(公債)를 발행하여 판매한다는 기발한 아이디어를 착상했다. 이승만은 9월 1일부터 김규식(金奎植)과 공동명의로 만들어진 공채표를 발매했다. 공채표는 10, 25, 50, 100, 500달러 등 5종이었고, 연리 6%에 미국이 한국정부를 승인한 1년 뒤에 상환한다는 조건이었다.

구미위원부는 미주와 하와이는 물론 멕시코와 쿠바, 칠레, 캐나다 등지에 흩어져

워싱턴에 있는 구미위원부 앞에서 찍은 기념사진. 앞줄 왼쪽부터 이승만, 비서 메이본, 법률고문 돌프, 뒷줄 왼쪽부터 서재필, 정한경.

있는 교포와 화교(華僑)들에게 공채표를 판매하여 1921년까지 최소한 8만1천351달러의 자금을 마련할 수 있었다. 이 금액은 구미위원부 총수입의 약 65%에 해당하는 것으로서 당시 해외 독립운동단체가 거둔 독립운동자금 중 최고치였다.

이렇게 모은 자금으로 구미위원부는 어떤 일을 했는가? 우선 상하이 임정에 매달 1천 달러 이상의 자금을 송금하여 임정 활동을 도왔다. 구미위원부는 이와 비슷한 액수의 돈을 필라델피아와 프랑스 파리로 보내어 그곳에서 발행되던 영어 및 프랑스어 월간잡지 〈한국평론(Korea Review)〉과 〈자유한국(La Coree Libre)〉, 그리고 다른 많은 독립운동 관련 저서 및 팸플릿의 출판을 지원했다.

구미위원부는 미국 내 21개 도시와 런던, 파리 등 유럽의 주요 도시에 한국친우회를 조직하고 그 활동을 지원하여, 결과적으로 2만5천여 명의 회원을 확보하는 데 성공했다. 이때 미국인 헐버트(Homer B. Hulbert) 교수와 벡(S. A. Beck) 목사 등이 위원부의 '선전원'으로서 여러 도시를 순방하며 한국독립의 당위성을 역설하는 강연을 했다.

구미위원부가 치중한 사업 중 하나는 미 의회 의원들에게 접근, 상하 양원에서 한국 독립문제를 상정, 토론하게 하는 것이었다. 이 같은 노력의 결과 1919년 후반부터 미 의회에서 한국문제가 심심찮게 거론되었다. 급기야 1920년 3월 17일에는 상원 본회의에 독립안을 상정했는데, 동시에 올라간 아일랜드는 38대 36으로 가결되었지만 한국은 34대 46으로 부결되었다.

1920년 3월 워싱턴의 포트랜드호텔에서 찍은 구미위원부 멤버들의 사진. 앞줄 왼쪽 두 번째부터 송현주, 이승만, 김규식, 뒷줄 왼쪽 두 번째부터 임병직, 노디 김.

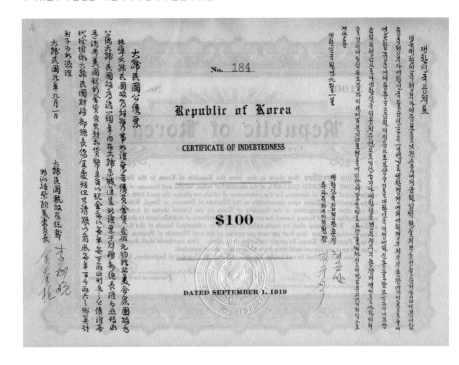

구미위원부가 발행한 100달러짜리 공채의 앞면과 뒷면.

구미위원부의 초대 위원장을 맡은 김규식과 함께.

구미위원부가 있던 건물.

워싱턴에서 열린 군축회의에 참석하기 위해 구미위원부
청사를 나서는 이승만 한국 대표단장(왼쪽)과
서재필 부단장. 1921.

상하이 밀항

상하이로 부임하지 못한 이승만은 미국에서 전문(電文)으로 대통령직을 수행하였다. 그로 인해 임시정부의 업무는 상하이와 워싱턴의 두 곳에서 분담되는 결과를 가져왔다. 그것을 위해 미국인 후원자들로 이루어진 한국우호연맹(League of the Friends of Korea)을 조직해 확대해 나갔다. 여기에는 서재필의 공로가 매우 컸다.

그리고 인터내셔널 뉴스서비스 통신(INS) 기자였던 제이 윌리엄스(Jay Jerome Williams)의 도움을 많이 받았다. 변호사인 프레데릭 돌프는 구미위원부 법률고문을 맡아주었을 뿐만 아니라 사무실도 빌려 주었다. 그가 쓴 『한국 독립 지지 개요』는 미 국회 의사록에 수록되었다.

비밀리에 상하이로 건너가 머무는 동안 일본의 감시의 눈을 피하느라 중국옷으로 변장한 이승만. 1921. 4. 9. (왼쪽 사진)
하와이에서 오랜 세월 우정을 쌓았던 미국인 친구 보스윅과 함께 1941년에 찍은 사진. 보스윅은 이승만이 상하이 임정으로 가는 배편도 주선해주었으며, 하와이에서의 이승만 영결식에서 눈물로 한 편의 시와 같은 조사를 읊었다.(사진 아래)

한편 상하이에서는 임시대통령이 현지로 부임해야 한다는 압력이 거세게 일어났다. 이승만은 그리 내키지는 않았지만 중국으로 가기로 결정했다. 일본이 그에게 30만 달러의 현상금을 걸었으므로 출발은 비밀로 했다. 행선지를 숨기기 위해 이승만은 우선 하와이로 갔다.

그가 어떻게 중국을 오고갔는 지와 중국 체류 시 행적 등은 아직까지 잘 알려지지 않은 미스터리다. 다행히 서울의 이화장에는 이승만이 직접 쓴 상하이 방문록과 당시의 행적을 담은 일기가 있다. 이들 자료를 근거로 그곳에서의 활동상을 추적해보기로 하자.

이승만이 밀항 준비를 위해 호놀룰루에 도착한 것은 6월 29일. 그 후 10월에 워싱턴에 남아 있던 비서(임병직)를 불러 함께 상하이로 떠날 궁리를 했다.

이승만은 호놀룰루에서 장의사(葬儀社)를 하던 친구 보스윅(W. Borthwick)의 집에 머물면서 그가 적당한 배편을 잡아줄 때까지 기다렸다. 보스윅은 11월 16일에 일본을 경유하지 않고 상하이로 직행하는 운송선 웨스트히카호의 2등 항해사를 매수하여 두 사람을 남몰래 승선시켜 주었다.

중국옷으로 변장한 이승만과 임병직은 배 밑바닥 선창에 몸을 숨겼다. 그들은 중국인 시체를 담은 관이 실린 통풍장치가 전혀 없는 철제창고 속에서 하룻밤을 꼬박 지새운 다음, 배가 하와이 영해를 벗어난 뒤에야 갑판 위로 나올 수 있었다.

뒤늦게 밀항자를 발견한 선장은 다행히 눈감아 주었다. 이승만은 20여 일간의 지루한 항행에 한시(漢詩) 7수를 지으면서 소일하였다. 그중 아래에 소개하는 시는 마지막 행에서 '저승'이라는 표현을 통해 그가 중국인의 시체가 든 관의 바로 곁에서 지냈음을 슬그머니 암시한다.

「중화민국 2년 동짓달에
 하와이의 먼 나그네 몰래 배를 타니,
 겹겹이 판자문 닫히고 난로가 따듯해
 사면이 철벽인 칠흑 같이 깜깜한 방안.
 산천이 아득하리 내일 아침 이후에는,
 세월은 지루하기도 하리 이 밤의 앞은.
 태평양을 날듯이 떠나가니,
 누가 이 가운데 저승이 있는 것을 알까.」

이승만은 12월 5일 오전 10시 상하이에 도착했다. 임정 측에서는 이승만을 시내 버링턴호텔(Burlington Hotel)로 옮겨 모셨다. 그러나 여기서도 신변의 불안

상하이 교민단이 베푼 환영회가 1920년 12월 28일 열렸다. 왼쪽부터 손정도, 이동녕, 이시영, 이동휘, 이승만, 안창호, 박은식, 신규식.

신익희와 상하이의 어느 사진관에서 찍은 기념사진.

상하이로 떠나기 직전 노백린(盧伯麟) 장군과 함께.

을 느낀 이승만은 여운형의 소개로 프랑스 조계 내에 있던 미국인 안식교 선교사 크로푸트(J. W. Crofoot) 목사의 집으로 거처를 옮겼다. 이승만은 1920년 12월 12일부터 1921년 5월 28일까지 줄곧 크로푸트 목사 집에서 기거했다.

임시대통령 이승만이 임정 청사를 방문, 각료와 직원들을 접견한 것은 12월 13일이고, 공개적으로 모습을 드러낸 것은 12월 28일 교민단이 베푼 환영회에서였다. 그는 1921년 1월 1일 신년 축하식을 계기로 임시대통령의 공무를 집행하기 시작했다.

미국에서 활약하던 임시대통령이 대정략(大政略)과 거액의 독립운동 자금을 가지고 오리라고 기대했던 상하이의 정객들은 적이 실망했다. 이들은 이승만이 3·1운동 발발 전후에 윌슨 대통령에게 한국을 국제연맹의 위임통치 하에 둘 것을 청원했던 사실 등을 들추어내어 비난하기 시작했다. 사면초가에 처한 이승만은 시종 수동적 자세로 정국을 수습하려 했으나 여의치 않았다.

그때 마침 미 국무장관 찰스 휴즈(Charles Evans Hughes)가 태평양지역에 이해관계를 가진 9개국에 해군 감축을 위한 군비 축소 회담을 제의했다는 소식이 들려왔다. 이승만은 9개국 회의에서 한국의 독립을 호소하기 위한 준비 작업을 한다는 명분을 내세워 미국으로 돌아갈 결정을 내렸다. 5월 17일 드디어 그는 '외교상 긴급과 재정상 절박'때문에 부득이 상하이를 떠난다는 고별교서를 임시의정원에 남기고 잠적하였다.

떠날 때에도 이승만은 몰래 배표를 구입하고 승선하는 과정을 되풀이해야만 했다. 하와이까지의 배표는 친한(親韓) 미국인 선교사 피치(G. A. Fitch)가 구입해 주었다. 이승만은 일본인 첩자들을 따돌리기 위해 쑤저우(蘇州)를 관광하며 5월 28일까지 쉬었다. 그가 탑승한 마닐라행 기선 콜롬비아호가 상하이항을 출항한 것은 5월 29일 새벽 5시, 이승만이 천신만고 끝에 호놀룰루에 도착한 것은 이로부터 한 달이 지난 6월 29일 아침이었다.

대한민국 임시정부 및 임시 의정원의 1921년 신년 축하식 기념사진.
둘째 줄 중앙에 임시 대통령 이승만이 앉아 있다.

임영신과 함께 찍은 1930년경의 사진.
임영신은 나중에 대한민국 정부 초대 내각의
상공장관이 되었다.

하와이 망명 시절 여성들에게
둘러싸인 이승만.(사진 위)
태극기를 들고 기념촬영한
노디 김.(왼쪽 사진)

제네바 국제연맹 총회에서 독립을 호소

제네바의 격주간지 〈라 트리뷴 도리앙〉 1933년 2월 21일자에 톱기사로 실린 이승만. 기사는 이승만의 주장과 그의 경력을 자세히 소개했다.

1931년 일본이 '만주사변'을 일으키면서 이승만의 예언은 맞아들어 가기 시작했다. 한국 독립을 가져다줄 일본과 미국의 전쟁 가능성이 보이는 순간이었다. 일본의 만주 침략을 규탄하기 위한 국제연맹 총회가 1933년 초에 열리게 되자, 이승만은 한국의 독립을 호소하기 위해 제네바로 갔다. 그는 미 국무장관 스팀슨(Henry L. Stimson)이 서명한 '외교관 여권'을 얻어 1932년 12월 23일 뉴욕을 떠났다.

1933년 1월 4일 제네바에 도착한 이승만은 호텔 드 루시(Hotel De Russie)에 여장을 풀고 각국 대표들과 기자들을 만나 한국 독립문제를 의제로 채택해주도록 당부했다. 일본의 괴뢰인 만주국의 건국에 반대함은 물론, 만주의 한인들을 중립국인으로 대우해줄 것도 호소하였다.

이승만의 호소는 회의장 주변에서 적지 않은 반응을 일으켰다. 그럼에도 불구하고 한국 문제는 끝내 총회 의제로 채택되지 못했다. 그것은 일본의 압력 때문이었다. 자유주의 국가인 미국, 영국, 프랑스는 극동에서 공산주의 국가인 소련이 팽창하는 것을 막기 위해서 일본의 도움을 필요로 하고 있었던 것이다.

회의가 끝났을 때 이승만은 좌절감에 빠졌다. 그때 그에게 동정적이었던 일부 외국인들이 소련에 가서 호소해보도록 권했다. 소련은 일본의 만주 침략에 긴장하고 있었으므로 한국인에게 호의적일 것 같아 보였다. 그러나 소련 비자를 얻기가 쉽지 않아 친분이 있는 오스트리아 주재 중국 대리공사 동덕건(董德乾,

신임장.

제네바의 국제연맹 본부 앞에서.
1933. 5. 2

1933년 1월 4일 런던에서 제네바로 가는 도중에 기착한 파리공항에서.
이승만은 이때 처음으로 비행기를 타보았다.

Dekien Toung)의 도움을 받기 위해 비엔나로 갔다.

거기서 간신히 소련 비자를 받은 다음, 동덕건의 소개로 소련공사 페테루스키(Peterwsky)를 만난 이승만은 자신이 구상했던 미·중·소·한 4국의 항일 연대안을 설명했다. 페테루스키는 이에 적극 찬성하면서 본국 정부에 보고하여 도울 것을 약속했다.

이승만은 큰 기대를 걸고 7월 19일 모스크바에 도착하여 크렘린궁 건너편 뉴모스코호텔에 투숙했다. 하지만 그날 저녁 뜻밖에 소련 외무부 직원이 찾아와 착오로 비자가 발급되었다면서 즉시 떠날 것을 요구했다. 나중에 알게 된 일이지만, 그때 모스크바에는 일본 철도청 책임자가 와 있었다. 소련이 운영권을 가지고 있던 만주 동청철도(東清鐵道)를 사려고 흥정을 하기 위해서였다.

그래서 소련은 이승만 문제로 일본 대표의 비위를 건드릴까 겁을 냈던 것이다. 도리 없이 이승만은 다음날 비엔나로 되돌아갔고 4개국 항일 연대안도 물거품이 되었다. 이승만은 비엔나에서 프랑스의 니스로 가서 1933년 8월 10일 뉴욕 가는 배를 탔다.

제네바 호수 위의 몽블랑 다리 위에서. 뒤에 보이는 건물이 그가 묵었던 호텔 드 루시. 1933. 5

프란체스카와의 만남

이처럼 희망과 좌절 사이를 헤매며 분투하고 있는 동안, 이승만은 헌신적인 아내가 될 프란체스카 도너(Francesca Donner)를 만난다. 그녀는 오스트리아의 비엔나에서 철물 무역과 소다수 공장을 경영하는 중소기업가의 세 딸 중 막내로 1900년 6월 15일에 태어났다.

그녀의 가정은 가톨릭을 믿는 보수 중산층으로, 프란체스카의 가톨릭 세례명은 마리아(Maria)였다. 아들이 없었던 그녀의 아버지는 가업을 잇도록 하느라 수학과 외국어에 남다른 재능을 보인 셋째 딸

16세 때의 프란체스카 도너.

을 상업학교에 진학시켰다. 상업학교 졸업 후 한때 농산물중앙관리소에서 근무하던 그녀는 스코틀랜드로 유학, 그곳에서 영어통역관 국제자격증까지 따냈다.

모국어가 독일어인데다 영어와 불어에 능통했으며, 속기와 타자의 특기보유자였던 프란체스카는 국제무대에서 활약하는 이승만의 비서로는 그야말로 안성맞춤이었던 셈이다. 두 사람은 이승만이 제네바에서 국제연맹 총회를 상대로 독립운동을 벌이고 있던 1933년 초에 처음 만났다.

그녀는 어머니와 함께 프랑스 여행을 마치고 비엔나로 가는 기차를 타기 위해 제네바에 온 길이었다. 만남은 저녁식사 때 붐비는 드 루시 호텔 식당에서 이루어졌다. 빈자리가 없자 웨이트가 나서서 두 모녀의 양해를 구해 합석하게 되었던 것이다. 이때 이승만은 58세, 프란체스카는 33세였다.

제네바에 잠시 있는 동안 두 사람의 관계는 급속도로 가까워졌다. 그 후 이승만이 모스크바로 가는 도중 비엔나에 들르면서 두 사람은 다시 만나게 되었다. 그리고는 결혼을 약속했다. 그러나 미국 시민권이 없는 무국적 망명객 신분이었던 이승만으로서는 신부를 미국으로 불러들일 재간이 없었다. 결국 프란체스카는 정식으로 이민을 신청해 1년 뒤 독자적으로 미국으로 오게 되었다.

1934년 10월 8일 두 사람은 뉴욕의 몽클래어 호텔에서 결혼식을 올렸다. 그들의 결혼은 동지적 결합이었다. 왜냐하면 그녀 역시 이승만과 마찬가지로 모든 것을 한국 독립을 위해 바쳤으니까.

신혼여행을 마치고 1935년 1월 24일 호놀룰루 항구에 도착한 이승만 부부.(왼쪽 사진) 호놀룰루에 도착한 이승만 부부를 따뜻하게 맞아준 하와이 교민들. 왼쪽 끝에 선 사람이 하와이 동지회 지도자 이원순(李元淳), 뒷줄 중앙이 이승만 부부.(오른쪽 사진)

워싱턴에서 이승만과 함께 생활할 당시의 프란체스카.
사진 아래 글씨는 프란체스카의 친필이다.

유난히 개를 좋아한 프란체스카가 호놀룰루 해변에서
여가를 즐기고 있다.

한국인의 거부감을 누그러뜨린 프란체스카

이승만은 부인을 데리고 생활 본거지인 하와이로 가려 했다. 그러나 하와이의 동지회 회원들과 한인기독교회 교인들은 이승만 혼자만 올 것을 강력히 권유했다. 서양인 부인을 얻었다는 사실에 교민들이 반발할까 걱정했기 때문이다. 그러나 이승만은 고집스럽게 아내를 데리고 갔다.

두 사람이 1935년 1월 25일 호놀룰루 항에 도착했을 때, 놀랍게도 부두에는 수많은 교민이 나와 열렬히 환영했다. 하와이의 신문 〈호놀룰루 애드버타이저〉와 〈스타 불레틴〉도 그들의 도착을 크게 보도했다. 도착 다음 날에는 1천 명이 참석한 환영 파티가 열렸다.

사실 한인교포들은 대체로 이승만의 국제결혼을 못마땅하게 여겼다. 그렇지만 나중에 드러나게 되듯이 프란체스카의 열성적인 한국 사랑이 사람들의 거부감을 누그러뜨렸다. 그 비결은 김치와 고추장을 담그고, 한복을 입고 한국의 습속을 한국인보다 더 사랑한 것 이외에 딴 것이 없다. 그녀에게 한국 사랑은 곧 이승만에 대한 사랑이기도 했다.

아마도 프란체스카는 조국을 너무도 사랑하는 노신사를 가까이서 지켜보면서 무한한 존경심을 느꼈던 것 같다. 그것으로밖에 나이와 국경을 단번에 뛰어넘은

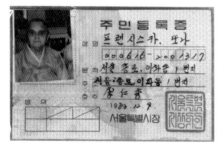

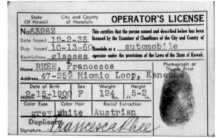

이유를 설명할 길이 없다. 프란체스카는 "나와 단둘이 식사를 할 때 남편은 늘 기도했다. '우리가 먹는 이 음식을 우리 동포 모두에게 골고루 허락해주시옵소서.' 하루 한 끼의 식사에도 감사하면서 머리 숙여 기도하는 남편이 측은하게 느껴져서 목이 멘 일이 이제는 먼 옛날의 얘기가 되었다"고 회고한 적이 있다.

그러나 아무래도 프란체스카 역시 한 여인이었다. 그녀는 회고록에서 "신혼 시절 내 꿈은 하루속히 한국이 독립되어 고달픈 독립 운동가의 떠돌이 생활을 청산하고 안정된 생활을 할 수 있도록 아담한 내 집을 갖는 것이었다"고 솔직히 털어놓았다.

프란체스카로서는 이승만의 건강을 보살피는 것을 최고의 사랑이자 최대의 과제로 여겼다. 회고록 제목에까지 '대통령의 건강'을 붙일 정도였으니까. 실제 이승만이 90세까지 비교적 건강한 삶을 유지할 수 있었던 것은 본인의 타고난 체질에 기인한 것이지만, 프란체스카의 이 같은 지극한 보살핌을 도외시할 수도 없다.

주민등록증과 여권 등 프란체스카의 각종 증명서.

임시정부 승인을 위한 외교 활동

마침내 1941년 12월 7일에 일본이 진주만을 기습 공격함으로써, 이승만이 오래전부터 예상해 왔던 미·일 전쟁이 일어났다. 그에 따라 한국 독립의 가능성도 보이게 되었다. 이러한 배경 속에서 이승만은 대한민국 임시정부의 주미 외교부 위원장으로 임명되었다.

워싱턴의 이승만은 이 자격을 가지고 미국 정부를 상대로 임시정부의 승인을 위해 분주히 움직였다. 망명객의 신분으로 미국 관리들을 만나기 어려웠기 때문에 이승만은 로버트 올리버(Robert Oliver) 박사를 로비스트로 고용하였다. 로비의 목표는 상하이 임시정부를 미국 정부가 승인하고, 무기 대여법에 따라 무기를 공급해 달라는 것이었다.

이승만은 임정문서를 진주만 사건 발발 전에 프랭클린 루스벨트 대통령에게 전달하고, 진주만 사건 직후에는 미 국무부에 문서로써 임정 승인을 촉구했다. 그들이 별 반응을 보이지 않자 헐(Cordell Hull) 국무장관과 루스벨트에게 직접 편지를 띄워 임정 승인을 요청했다.

이승만을 대한민국 임시정부 주미 외교 위원장과 주미 전권 대사로 임명한다는 1941년 6월 4일자 임정 주석 김구 명의의 임명장과 외무부장 조소앙 명의의 신임장.

오하이오의 애쉬랜드에서 임시정부 승인 촉구 캠페인을 벌이기 위해 모인 한미협의회 이사들. 왼쪽부터 이승만, 한미협의회 애쉬랜드 지회장 메이어스 부인, 변호사 스태거스, 아메리칸대학 총장 더글러스, 헐버트, INS 통신사 기자 윌리엄스.

　이승만은 임정 승인 획득 캠페인의 일환으로 한국독립에 깊은 관심을 가진 미국의 저명한 인사들을 움직였다. 주 캐나다 대사였던 크롬웰(James H. R. Cromwell), 워싱턴의 변호사 스태거스(John W. Staggers), INS통신사 기자 제이스 윌리엄스 등을 규합하여 '한미협의회'라는 후원단체를 조직하고 이 단체의 명의로 미 정부에 압력을 가했던 것이다.

　한미협의회는 1942년 3·1절을 앞두고 재미 한족연합위원회와 공동으로 2월 27일부터 3월 1일까지 백악관 근처 라파예트호텔에서 '한인자유대회'를 개최했다. 2백여 명의 두 나라 인사들이 모인 이 대회에서 미 하원의원 커피(John M. Coffee) 등은 임정의 즉각 승인을 강조하는 연설을 했으며, 회의 진행상황이 워싱턴의 WINX 방송망을 통해 실황 중계됨으로써 상당한 홍보효과를 거두었다.

　하지만 이러한 이승만의 노력에도 불구하고 미 정부는 임정을 끝내 승인하지 않았다. 이승만은 미국 설득의 방향을 국회 쪽으로 바꾸었다. 후원자인 존 스태거스 변호사와 제이 윌리엄스 기자와 함께 질레트 상원의원을 찾아가서 임시정

미국 체신청이 이승만의 요청에 따라 1944년 11월에 발행한 태극기가 그려진 우표.

부 승인을 위해 국무부를 설득해주도록 요청했다. 그 과정에서 이승만은 미 국무부가 임시정부를 결코 승인하지 않을 방침임을 알게 되었다.

특기할 만한 점은 미·일전쟁이 일어나기 직전인 1941년 여름, 이승만이 저서 『일본 내막기(Japan Inside Out)』를 뉴욕의 유명한 출판사 플레밍 H. 레벨(Fleming H. Revell Co.)에서 출간했다는 사실이다. 이 책에서 그는 일본 군국주의의 실체를 역사적으로 밝히고, 일본이 곧 미국을 공격하게 될 것임을 경고했다. 그런지 몇 달 안 되어 그의 예언이 맞아떨어졌고, 책은 이내 베스트셀러가 되었다.

워싱턴으로 출발하는 이승만을 위해 로스앤젤레스 동지회가 1939년 8월 9일 마련한 송별연.
건너편 줄의 오른쪽 네 번째가 임병직, 열 번째가 이승만이다.

워싱턴에서 1942년 2월 27일부터 3월 1일까지 열렸던 한인자유대회 참석자들.
앞줄 왼쪽에서 세 번째가 프란체스카, 이승만은 맨 뒷줄 중앙,
그리고 서재필은 왼쪽 끝에 서 있다.

임정 승인을 촉구하느라 한미협의회가 1944년 8월 29일 뉴욕의 에스토리아
호텔에서 마련한 만찬 모임. 일자로 된 뒷자리의 왼쪽 네 번째가 프란체스카,
일곱 번째가 이승만이다. 제일 앞쪽 원탁 테이블의 미국인 가운데
한표욱이 보인다.

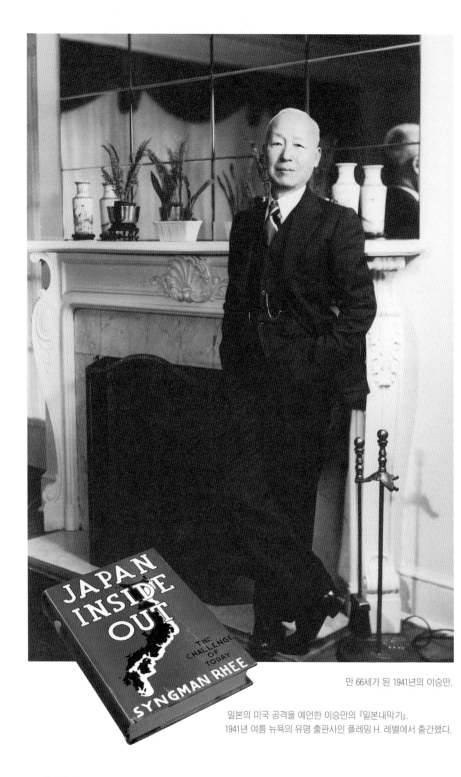

만 66세가 된 1941년의 이승만.

일본의 미국 공격을 예언한 이승만의 『일본내막기』.
1941년 여름 뉴욕의 유명 출판사인 플레밍 H. 레벨에서 출간했다.

끝까지 무국적자로 남다

계속된 좌절에 이승만은 실망했다. 그나마 반가웠던 것은 미 법무부에 냈던 청원이 1942년 2월에 받아들여진 사실이었다. 당시 미국정부는 일본과 전쟁 중이었으므로 미국 안의 일본인들을 적국(敵國) 국민으로 취급하고 있었다. 한국인들은 일본의 식민지 사람들이라는 이유로 일본인과 똑같이 적국민 대우를 받았다.

이에 대해 이승만은 부당한 대우를 시정해 달라는 청원서를 냈는데, 미 법무부로부터 받아들여진 것이다. 미국 정부가 한국인을 일본인과 다르게 취급한다는 사실만으로도 앞으로 한국 독립이 가능할 것처럼 보였다.

한편 일제시대 해외에 있던 대부분의 주요 독립 운동가들은 편의상 중국 국적이나 미국 국적을 가졌다. 그러나 이승만은 끝까지 미국 국적을 갖지 않고 무국적의 망명객 신분으로 살았다. 그 바람에 이승만은 미국 영토 밖으로 나가려면 미 국무부에서 귀찮은 절차를 밟아야 했다.

그때마다 그는 미국 국적 취득을 권유받았으나 "한국이 곧 독립될 것이므로 필요없다"는 말로 거절하곤 했다. 그렇지만 무국적 망명객 신분으로 미국 정부와 교섭하기는 매우 어려웠다. 그로 인해 이승만은 미국 정부를 상대할 경우 자신은 살짝 뒤로 물러섰다. 예를 들어 1942년 3월에 프랭클린 루스벨트 대통령에게 호소문을 보낼 때는 미국인으로 구성된 한미협회(Korean-American Council)를 내세웠다.

이승만을 도운 미국인들

해방이 가까워 오면서 이승만은 몇 명의 미국인 후원자를 더 얻게 되었는데, 대표적인 경우가 로버트 올리버 박사였다. 그는 오리건 주립대학에서 박사 학위를 받고 제2차 세계대전 중 워싱턴의 군수품 조달 부서에서 일하고 있었다.

나중에 그는 시러큐스대학과 펜실베이니아 주립대학 교수를 지냈다. 이승만은 1942년 8월 하순 에드워드 정킨(Edward Junkin) 목사의 소개로 올리버 박사와 만났다. 정킨 목사는 한국에 파견되었던 장로교 선교사의 아들이었다.

이승만의 또 다른 후원자는 1943년 2월경에 알게 된 미 육군 전략국(OSS) 소속의 프레스턴 굿펠로우(Preston Goodfellow) 대령이었다. 굿펠로우는 일본과의 전쟁에 한국인들을 활용하라는 이승만의 제안을 받아들였다. 그래서 그는 일본어와 영어에 능통한 한인 청년들을 비밀리에 특수부대로 훈련시켜 일본이나 한국에 침투시켜 첩보활동과 파괴활동을 벌이게 할 '냅코(NAPKO)' 계획을 세웠다.

이승만은 12명의 한국인 청년들을 선발했다. 그리고 1942년 12월 4일부터 훈련을 시작하여 성공적으로 마쳤다. 그렇지만 일본이 예상보다 빨리 항복함으로써 전선에 투입할 기회는 얻지 못한 채 해방을 맞았다.

1945년 8월 15일, 36년에 걸친 길고 긴 일본 제국주의의 어두운 밤을 지나 드디어 조국 광복의 날이 밝았다.

이승만의 독립운동을 열성적으로 후원한 로버트 올리버. 해방 후에는 이승만의 고문 역할을 했으며, 이승만 전기를 집필하기도 했다.

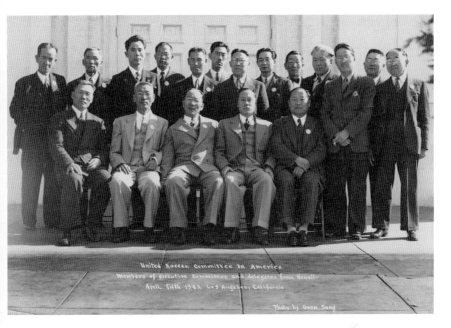

재미 한족연합위원회 집행위원부 임원과 하와이 대표자들이
1942년 4월 5일 로스엔젤레스에 모였다. 앞줄 왼쪽에서
네 번째가 이원순, 뒷줄 왼쪽 끝이 장붕이다.

이승만을 후원한 주미외교위원부 협찬회 멤버들이
1944년 5월 28일 이승만 부부와 함께 기념 촬영을 했다.

제2부

대한민국을 세우다

"뭉치면 살고 흩어지면 죽는다!"

미국이 1945년 8월 6일과 9일 히로시마(廣島)와 나가사키(長崎)에 원자폭탄을 투하하자 소련도 부랴부랴 선전포고를 한 뒤 만주와 한반도에 대한 침공을 개시했다. 이렇게 전황(戰況)이 급변함에 따라 미국은 8월 11일과 12일, 국무성과 육해군 조정회의 합동회의(SWINK)를 열어 일본 점령 및 일본군 무장해제 계획을 짰다.

여기서 일본의 식민지인 한반도를 양분하여 북위 38도선 이북은 소련이, 이남은 미군이 점령하기로 하고 8월 14일 합동참모본부를 거쳐 대통령의 재가를 얻어 일반명령으로 맥아더(Douglas MacArthur) 사령관 휘하의 연합군 사령부에 하달한다.

이 계획에 따라 맥아더사령부는 존 하지(John Reed Hodge) 장군의 24군단을 그 해 9월 8일 인천으로 상륙시켰다. 하지가 이끄는 미군은 상륙 이튿날 곧장 서울에 진주, 한반도 38도선 이남에서의 일본군 무장해제와 군정을 펼치기 시작했다.

이렇게 마침내 일본이 패망하고 광복이 찾아왔으나 이승만의 환국은 쉬 이뤄지지 않았다. 남한에 진주한 미군이 '38선 이남의 유일한 합법적 통치기구는 미군정(美軍政)'임을 선포하고, 대한민국 임시정부를 비롯한 기존의 모든 정치 세력들의 대표성을 부인했기 때문이다.

이 바람에 해방 이후 2개월 동안은 공산주의자들이 기선을 잡고 판을 치던 시기였다. 학계에서는 이 시기를 '좌익 득세기'라고 부르는 데 주저하지 않는다. 이 기간 가장 활발하게 움직인 조직은 여운형(呂運亨)이 주도한 건국준비위원회(=건준)와 박헌영(朴憲永)이 만든 조선공산당 등 좌익조직이었다. 그러나 미군정은 재빠르게 해방 정국의 기선을 잡은 좌익세력을 제어하기 위해 이승만과 김구(金九)를 귀국시키기로 했다.

5만 인파가 운집한 옛 총독부 건물 앞 광장에서 환국 이후 처음으로 대(對) 국민 연설을 하는 이승만. 이승만 뒤가 윤치영. 왼쪽 끝이 주둔군 사령관 하지 중장. 1945. 10. 17

결국 이승만은 연합군 사령관 맥아더 장군의 주선으로 일본이 패망한 지 두 달이 지난 후에야 겨우 조국 땅에 발을 디뎠다. 그것도 임정요인이 아닌 개인자격이었다.

이승만은 그 해 10월 16일, 도쿄에서 맥아더의 전용기를 타고 여의도비행장에 도착했다. 서울 도착 이튿날 오전 10시, 이승만은 옛 조선총독부 건물에 있던 미군정청 제1회의실에 나가 기자회견을 가졌다. 그의 33년 만의 환국 사실이 알려지자 건물 앞 광장에는 5만을 헤아리는 환영 군중이 몰렸다.

이승만은 환영회 연설을 통해 우후죽순처럼 난립한 수많은 정당들의 대동단결을 강조했다. 그것이 입에서 입으로 전해지면서 저 유명한 "뭉치면 살고 흩어지면 죽는다!"는 구호가 되어 유행했다. 당시 신문들은 호외를 찍어 '이승만 환국 소식'을 전했고, 라디오는 그날 오후 7시 30분 첫 방송이 나간 이후 1주일 동안 계속 반복했다.

이승만이 귀국한 뒤 김구 등 상하이 임시정부 요인 1진은 11월 23일, 2진은 12월 2일 귀국했다.

신탁통치 가장 먼저 반대한 이승만

해방 직후의 어수선한 정국에 한국인들이 미처 독립의 희열을 맛보지도 못하는 가운데 1945년 12월 27일 모스크바에서 열린 미·영·소 3개국 외상회의가 한반도의 신탁통치에 합의했다. 이 소식을 전해지자 한국인들은 해방이 반드시 즉시 독립을 의미하지 않는다는 사실을 깨닫고 경악했다.

신탁통치에 맨 먼저 반대하고 나선 인물은 이승만이었다. 그는 이미 모스크바 3상회의에서 이 문제를 토의하기 이전인 12월 17일, 방송연설을 통해 소련이 한국과 한국민을 노예로 만들고자 한다고 신탁통치를 비난했다. 그는 "한국의 공산주의자들은 소련을 모국(母國)이라 부르면서 한반도를 소련의 일부로 만들려고 한다"면서 "우리가 이 문제를 우리 스스로의 노력으로 당장 해결하지 않으면 우리나라는 둘로 쪼개져 내전을 피할 수 없게 될 것"이라고 역설했다. 이 같은 이승만의 내전 예언은 불과 몇 해 뒤 터진 6·25전쟁 발발로 정확히 들어맞은 셈

미·소 공위의 첫 회의에 앞서 담소하는 하지 중장(왼쪽)과 스티코프 중장(오른쪽).

대한독립협회 명의의 신탁통치 반대 격문. 이승만은 1946년 1월 7일 돈암장에서 윤치영(尹致暎)을 통해 "신탁통치는 우리 민족에 대한 치욕"이라며 "우리 땅은 우리 손으로 광복해야 한다"고 말했다.

이다.

한편 전국의 반탁 시위에 보조를 함께 하던 좌익이 1946년 1월 2일 소련의 지령에 의해 찬탁(신탁통치 찬성)으로 태도를 갑작스럽게 바꾸자 새로운 혼란이 일어났고, 좌우익 간의 대립은 더욱 격렬해졌다.

이처럼 대다수 한국인들의 반대에도 불구하고 신탁통치를 위한 미·소 공동위원회 회의가 1946년 1월 16일부터 2월 5일까지 15차례에 걸쳐 서울 덕수궁 미술관에서 개최되었다. 이 회의는 미국 측 대표 아놀드(A. V. Arnold) 소장과 소련 측 대표 스티코프(T. E. Shtikov) 중장의 주도로 열렸으나 양측의 첨예한 대립으로 그해 5월 아무런 성과를 거두지 못한 채 결렬되었다.

반탁을 주장하다 공산당 지령을 받고 갑자기 찬탁으로 입장을 바꾼 좌익들의 군중대회.

비밀작전 'Ever Ready Plan'

미국은 사생결단으로 신탁통치에 반대하는 이승만을 제거할 음모까지 꾸몄다. 『미국의 대외정책(US Foreing Policy)』(1946)을 보면 이승만 제거계획이 'Ever Ready Plan'이라는 이름으로 나와 있다. (이 비밀 작전은 6·25전쟁 발발 후 이승만이 휴전에 반대하자 다시 한 번 등장하게 된다.)

이런 가운데 이승만은 1946년 9월 23일 하지를 만나 격론을 벌였다. '정치'와 '공산당'에 어두운 직업 군인인 하지는 무턱대고 남한 정치인들을 모아 '좌우합작'만을 추진했던 것이다. 하지는 "미국정책에 사사건건 반대하는 이승만은 영원히 권력을 잡지 못할 것"이라고 단언했다.

하지는 점차 이승만을 제거하려는 움직임을 보이게 된다. 하지를 뉴스 소스로 하는 외신들이 이승만에 불리한 보도를 계속 내보내 이승만이 난처한 처지로 몰리는 일이 자주 일어났다. 이에 이승만은 직접 도미하여 남한 내의 사정과 자신의 견해를 미국 지도층에 알리려고 했으나 하지 측이 방해했다. 참다못한 이승만이 맥아더에게 부탁하여 군용기편으로 도미하게 되었다. 그렇지만 마지막 순간 하지가 민간인의 군용기 탑승을 불허함으로써 NWA편을 이용할 수밖에 없었다.

이승만은 워싱턴으로 날아가 트루먼(Harry Shippe Truman) 대통령 및 행정부와 의회 지도자들을 두루 만나 담판했다. 그는 한국인들이 일본 대신 또 다시 소련의 지배를 받게 되는 신탁통치를 절대 반대한다면서 자주독립국가 수립을 강력히 호소했다. 이승만은 존 스태거스(John W. Staggers) 변호사, 굿 펠로우(Preston Goodfellow) 대령 등과 상의하여 '미·소 협상에 구애받지 않고 유엔의 승인을 받는 것' 등을 내용으로 한 6개항의 한국문제 해결방안을 미 국무성에 제출한다.

이 안에 대해 국무성의 반응은 양분됐는데, 이승만은 귀국 후 이 안에 찬성한

미 주둔군 사령관 하지 중장(왼쪽)은 대한민국 임정을 완강하게 부인하고 좌우합작 정부를 고집하여,
이를 반대하는 이승만과 잦은 마찰을 빚었다. 1946. 11

힐드링(John R. Hilldring) 차관보와 협의한 결과 국무성의 양해를 얻었다고 발
표했다. 그러나 하지는 즉각 기자회견을 열어 격한 어조로 이를 부인함으로써
두 사람의 관계는 더욱 악화되었다.

한국문제는 곡절 끝에 유엔으로 넘겨졌고, 1948년 5월에는 한국 역사상 최초
의 민주적 총선거가 실시되기에 이른다.

남한만의 정부 수립 가능성 언급한 이승만

미군정은 남한 내의 좌익세력 포섭에 미련을 버리지 못했다. 그러자 연기했던 호남유세에 나선 이승만은 1946년 6월 3일 전북 정읍에서 남한만의 정부 수립도 가능함을 처음 언급했다.

"이제 우리는 무기 휴회된 미·소 공위가 재개될 기색도 보이지 않으며 통일정부를 고대하나 여의치 않다. 남한만이라도 임시정부 혹은 위원회 같은 것을 조직하여 38선 이북에서 소련이 철퇴(撤退)하도록 세계 공론에 호소해야 되므로 여러분도 결심해야 한다."

즉 소련이 통일된 자유정부 수립에 동의하지 않는 것이 분명한 만큼, 한반도 전체 인구의 3분의 2 이상이 거주하는 남한에서만이라도 단독정부를 수립해

정읍발언으로 알려진 남한 단독정부 수립 가능성을 시사하는 이승만의 강연 요지를 보도한 신문기사. 1946. 6. 3

야 한다는 뜻을 피력했던 것이다. 이 발언은 국내의 모든 정파들은 말할 것도 없고 하지 장군에게도 충격을 안겨주었다.

그러나 사실 단독 정부 수립 움직임이 먼저 노골화된 곳은 북한 지역이었다. 소련은 해방된 지 한 달가량 지난 9월 20일에 이미 북한에 정부 조직을 세울 결심을 굳히기 시작했다. 이날 스탈린은 "반일적이며 민주적인 정당 사회단체들이 광범위한 동맹에 기초하여 북한에 부르주아 민주적인 정당을 수립하라"는 비밀 지령을 내렸던 것이다.

이에 따라 소련 점령군사령부는 10월 8일부터 10일 사이에 '북조선 5도 인민위원회 대표자대회'를 평양에서 열었다. 이어서 13일까지는 북한지역에 별개의 공산당을 만들기로 최종 결정한 '서북5도 당대회'가 열렸다. 그 후 이북5도 행정위원

남북 협상을 위해 평양에 갔다가 '을밀대'에서 기념촬영한 김구(오른쪽에서 두 번째). 그 왼쪽이 김규식이다. 1948. 4

회가 설립되고, 산하 조직으로 10개의 행정국이 창설되었다. 또 조선 공산당 북조선분국이 만들어져 김일성(金日成)이 군중들 앞에 처음으로 모습을 드러내었다.

이런 과정을 거쳐 1946년 초에 일찌감치 북조선 임시 인민위원회가 수립되었던 것이다. 이 무렵 북한에서 나온 문건에는 이 임시 인민위원회 출범을 두고 '우리의 정부' '인민의 정권'이라고 지칭하면서 북한 주민의 지지를 호소하는 게 나온다.

앞으로 전개될 자율정부 수립 방법을 놓고 현실주의자인 이승만은 남한 단독선거의 길을, 이상주의자인 김구는 남북 협상의 길을 고집함으로써 우익 진영의 두 거두가 갈라섰다. 사진은 서울운동장에서 열린 임시정부 한국 환영식에서 담소하는 이승만(왼쪽)과 김구.

한국문제, 유엔에 상정

1947년 8월 마셜(George Marshall) 미 국무장관은 모스크바 3상회의에 의한 미·소 공위가 완전히 실패한 뒤 소련과 영국, 중국대표를 불러 다시 협의해보려 했다. 하지만 소련 측이 회의 참석을 거부함에 따라 그 해 9월 17일 덜레스(John F. Dulles) 법률 고문과 오스틴(Warren Austin) 주 유엔대표에게 한국문제의 유엔 상정을 지시한다. 이승만이 도미하여 미국 지도층에 호소한 내용대로 상황이 변한 것이다.

이렇게 하여 미국은 한국 독립문제 해결을 1947년 9월 제2차 유엔총회에 제기하여 9월 23일 의제로 채택, 제1위원회(정치·안보)에 회부했다. 당시 만약 이승만의 남한 단독정부 수립안이 제기되지 않았더라면 독립은 지연되었을 것이고, 사회의 혼돈상은 더욱 심화되었으리라는 사실을 쉽게 짐작할 수 있다.

소련은 한국 독립문제는 유엔의 권한에 속하지 않는다고 반대했으나, 유엔총회는 1947년 11월 14일 총회 결의 112호로 알려진 미국안을 찬성 43, 반대 9, 기권 6으로 채택했다.

한국문제 해결을 미·소 공위에서 유엔으로 옮겨 논의하자는 미국의 덜레스 대표와 이에 반대하는 소련의 그로미코 대표의 논전을 보도한 신문기사. 1947. 11. 15

이 안의 주요내용은 ①공정한 선거감시를 위하여 9개국 대표로 구성된 유엔한국임시위원단을 설치한다. ②한국 국민의 대표 선출을 위하여 48년 3월 1일 이전의 인구비례에 따라 보통선거와 비밀투표 원칙에 의한 선거를 실시한다. ③선거 후 이들 대표자들이 가급적 속히 국회를 소집하여 정부를 수립하고 이를 위원단에 통보한다. ④정부는 남북한 군정 당국

유엔 한국위원단은 1948년 1월 12일 오후 5시 덕수궁에서 첫 회의를 열었다. 회의는 의장에 메논 인도 대표를 선출하고 각 대표의 발언을 청취했다. 「통일 독립국가 건설의 서곡」이란 제목이 붙은 관련 신문기사. 1948. 1. 13

으로부터 모든 권한을 이양받고 자체 국방군을 조직하여 가급적 속히, 가능하면 90일 이내에 점령군이 철수할 수 있도록 관계국과 협의한다는 것이었다.

1948년 1월 12일 유엔 한국임시위원단은 서울에서 회합을 가졌으나, 소련군 사령관과 그로미코(Andrey Andreevich Gromyko) 주 유엔 소련 대표, 김일성 등이 위원단의 입북(入北)을 거부한다는 성명을 발표했다. 이 성명은 결국 남북한 모두의 총선거가 불가능함을 공식으로 확인해준 셈이었다.

위원단은 총회 결의 112호를 남한에서만 실시할 수 있는지를 질의했다. 유엔 총회는 남한에서만이라도 선거를 실시하여야 한다는 미국 결의안을 찬성 31, 반대 2, 기권 2로 결의했다. 결국 남한 군정은 1948년 3월 1일 남한에서의 총선거를 1948년 5월 10일에 실시할 것을 발표했다.

대한민국의 건설이 시작되다

1948년 5월 10일, 제헌국회 구성을 위한 총선거가 남한 단독으로 실시되었다. 등록 유권자 총 784만871명 중 748만7천649명(등록 유권자의 95%, 전체 유권자의 75%)이 투표에 참가하여 198명의 제헌의원을 선출했다. 제헌국회는 5월 31일에 소집되어 188표를 얻은 이승만이 초대 국회의장으로 뽑혔다. 북한에서 선출될 대의원을 위하여 의석 100석을 공석으로 남겨 두었다.

1948년 7월 12일 대통령 중심제를 골격으로 한 대한민국 헌법이 제정되고, 17일 공포되었다. 그리고 20일엔 이 헌법에 의거하여 이승만을 초대 대통령으로 선출했다. 이승만은 24일 중앙청에서 대통령 취임식을 가졌고, 8월 5일엔 정부

첫 주권 행사인 국회의원 총선거가 1948년 5월 10일 오전 7시부터 전국에서 일제히 실시되었다.

이승만이 서울 종로 을구 제1투표소에서 제일 먼저 투표를 하고 있다. 총선거에 대한 지지와 반대가 치열한 가운데 폭동 조짐까지 보여 비상계엄 하에 치러진 총선거였으나 국민의 95.8%가 유권자 등록을 하고 입후보자도 9백여 명을 넘는 등 총선에 대한 국민의 호응도가 높아 이승만에게 압도적인 정치적 승리를 안겨주었다. 1948. 5. 10

조직을 완료하여 유엔 한국임시위원단과 하지 사령관에게 차례로 정부수립을 정식으로 통고했다. 이런 절차를 거친 후 1948년 8월 15일 대한민국의 건국과 정부수립을 내외에 널리 선포하기에 이르렀다.

7월 24일 오전 10시부터 부슬비가 내리는 가운데 중앙청 광장에서 진행된 초대 대통령 취임식에는 주둔군 사령관 하지 중장을 비롯한 외교사절과 각계 명사, 수많은 일반시민이 참석했다. 이승만은 취임 선서를 통해 "나 이승만은 국헌을 준수하며, 국민의 복리를 증진하며, 국가를 보위하며, 대통령의 직무를 성실히 수행할 것"을 다짐했다.

〈조선일보〉는 1948년 8월 15일자에서 1면 머리기사로「금일! 대한민국 정부수립. 해방 3주년 기념일 맞아 건국을 내외에 선포」라는 제목의 예고기사를 게재했다. 이처럼 40년 만에 주권을 회복하여 탄생하는 정부수립을 '건국'이라고 표현했던 것이다.

이승만은 인사말을 통해 "오늘 거행하는 이 식은 우리의 해방을 기념하는 동시에 우리 민국의 새로운 탄생을 겸하여 축하하는 것"이라고 단정했다. 그러면서 건국 기초에 요소가 될 만한 몇 가지 조건으로 ①민주의 실천 ②민권과 자유의 보호 ③정부 전복행위 엄단 ④근로자 우대 ⑤통상과 공업의 발전 ⑥통일에의 노력 등을 강조했다.

도쿄에서 달려온 맥아더 연합국사령관은 축사에서 "정의의 위력이 용진하는 이 찰나에 역사적 일대 비극이 있으니, 귀국의 강토는 인위적 장벽과 분할로 무색해졌습니다. 이 장벽은 반드시 파멸되어야 할 것이요, 또한 파멸될 것입니다. 여러분이 자유국가의 자유스러운 국민으로 통일하는 데 있어 이를 금할 것은 천하에 있을 리 없습니다"고 말했다.

대한민국 건국의 역사적 의의

대한민국은 자유민주주의 정치체제로서 민주공화국으로 성립하였다. 대한민국은 국민의 재산권과 경제활동의 자유를 보장하는 시장경제체제로 출발하였다. 이 같은 건국의 방향을 둘러싸고 당시 한국인의 생각이 다 같지는 않았다. 자유민주주의보다 노동자 계급의 이익을 중시하는 프롤레타리아 독재노선이 우월한 정치체제라고 주장하는 사람도 있었다.

건국 이후 60년의 역사가 흐른 오늘날, 어떤 선택이 정당했는가를 판정하기는 어려운 일이 아니다. 지난 60년간의 세계사는 개인의 자유와 재산권을 존중하고, 그것을 국가체제의 기본원리로 채택한 자유민주주의와 시장경제체제가 인간의 물질적 복지와 정신적 행복을 증진하는 올바른 방향이었음을 보여주었다.

모두가 골고루 잘 산다는 공산주의 이상은 자유와 합리적 이기심이라는 인간의 본성에 맞지 않았다. 계급, 당, 국가를 우선하는 전체주의 관료제적 지배 체제 하에서 개인의 자유로운 정신과 창의성은 억압되었으며, 결과적으로 모두가 빈곤해지고 말았다.

대한민국은 혼란 속에 어렵게 출발했지만 세계가 주목하는 물질적, 정신적 발전을 성취하였다. 정치적으로는 국민의 기본권이 확고히 정착되고, 보통선거로 정권을 평화롭게 교체하는 세계에서 몇 안 되는 민주주의 국가에 속하게 되었다. 경제적으로는 세계 최빈국 수준에서 1995년 선진국 클럽인 경제개발협력기구(OECD)에 가입하는 위업을 거두었다. 대한민국의 이 같은 발전은 1948년의 제헌헌법에 담긴 건국의 이념과 방향이 정당했기 때문에 가능했던 것이다.

1876년 개항 이후의 한국 근·현대사는 전통문명과 외래문명이 대립하면서도 융합하는 과정이었다. 세계사적으로 보아 오랫동안 중국이 중심을 이루었던 대륙문명으로부터, 서양이 중심이 된 해양문명권으로 이동하는 문명사의 대전환

역사적인 국회 개원식이 1948년 5월 31일 오후 2시 30분 중앙청 의사당에서 열렸다. 이 자리에는 5·10 선거에서 당선된 의원 198명(정원 200명)이 참석했다. 이에 앞선 예비회의에서 국회의장으로 당선된 이승만은 개회식 식사를 통해 "오늘 여기에서 열리는 국회 즉 국민대회의 계승이요, 이 국회에서 건설되는 정부는 즉 기미년에 서울에서 수립된 민국(民國) 정부의 계승이다"고 말했다.

과정이기도 했다.

문명사의 융합과 전환을 이끌어온 정치세력은 개항을 전후하여 전통사회 내부에서 자발적으로 성립한 개화파가 그 선구였다. 대한민국의 건국은 역사적으로 발전해온 개화파에 의해 주도되었던 것이다.

반면에 북한은 일본제국주의가 심어놓았다는 이유로 인간의 인격권과 재산권을 보장한 민법을 폐지하였다. 사유재산제도가 폐지되면서 이후 성립한 공산주의체제에서 사람들은 자유로운 인격의 주체로서 자립할 수 없었다. 그 결과 정치적 억압과 경제적 빈곤이 점점 심화되는 비극의 역사가 펼쳐졌다. 북한 현대사는 전통문명과 외래문명의 융합이라는 한국 근·현대사의 주류로부터의 이탈이었다.

대한민국 초대 대통령 및 부통령 취임식이 1948년 7월 24일 오전 10시부터 중앙청 광장에서 열렸다.

국회는 1948년 6월 3일 헌법 제정작업에 착수, 서상일 의원 등 30여 명의 헌법 기초위원을 선출하고
법조 전문가 10명을 전문위원으로 선임했다. 이들의 손을 거쳐 헌법 제정작업이 완료되자
이승만 국회의장과 신익희 부의장이 기초위원들과 기념촬영을 했다.

이승만이 중앙청 광장에서 열린 초대 정·부통령
취임식에서 선서하는 모습. 1948. 7. 24

기념식장에 연합군 최고사령관 맥아더 원수가 참석하여
이승만 부부에게 축하인사를 하고 있다. 이승만과 맥아더
사이에 주둔군 사령관 하지 중장의 모습이 보인다.
1948. 8. 15

새 국가 건설의 정초(定礎)인 대한민국 헌법과
정부조직법에 대한 공포식이 1948년 7월 17일
오전 10시 국회의사당에서 거행되었다.
공포식에서 국회의장 이승만은 순 한글과 한자
병용으로 된 2통의 「대한민국 헌법 정본」과
1통의 「정부조직법」에 서명했다.

대한민국 건국 과정의 시련들

5·10 총선으로 출범한 이승만 정부는 출범 초기부터 중대한 도전에 직면했다. 우선 남북 협상파인 김구와 김규식은 김일성과의 남북 협상이 실패했음에도 불구하고 5·10 총선거를 보이콧했다.

이승만 정권이 직면한 또 다른 도전은 국내 좌파 세력의 반정부 투쟁이었다. 남로당은 1948년 5월 총선 직후부터 '총선 무효'와 '미군 철수'를 외치면서 격렬한 정부 전복투쟁을 벌였다. 5·10 선거를 방해하기 위해 일어난 제주도 4·3사건은 정부 수립 후에도 진정되지 않았다. 다수의 무장세력이 한라산으로 들어가 항전을 계속함으로써 단기일 안에 진압되지 않았다.

2개월 후인 그해 10월 20일에는 4·3사건 토벌작전을 명령 받고 제주도로 출동하려던 전라남도 여수·순천 지구의 14연대에서 반란이 일어났다. 이어 11월 2

단독정부 수립에 반대하던 김구가 자택인 경교장에서
육군 소위 안두희의 저격으로 파란만장했던 74세의 생애를 마감했다.

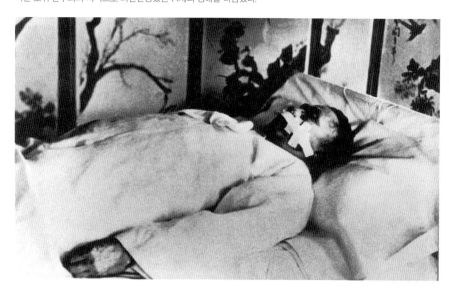

일부터 이듬해 1월 30일 사이에는 경상북도 대구지방에서도 제6연대의 3차에 걸친 반란사건이 일어났다. 당시 국군 내부에는 공산 프락치가 침투해 이들이 남로당의 지령을 받고 반국가 반란을 꾸몄다.

이들은 게릴라전으로 정부를 위협했다. 북한의 김일성 정권은 이와 동시에 특수부대를 남쪽에 보내 공공연하게 대한민국 붕괴작전을 폈다. 남한의 빨치산부대를 지원하기 위해 파견된 인민유격대의 공세와 이를 저지하려는 정부와의 총격 속에서 많은 무고한 양민이 희생되었다.

이 같은 북한 김일성 정권의 끈질긴 남한 파괴 공작은 급기야 대한민국 정부가 수립된 지 채 2년이 되기 전에 전면적인 남침(南侵) 전쟁으로 이어지게 된다.

4·3사건 토벌작전을 명령받고 제주로 출동하려던 여수 순천지구의 14연대가 반란을 일으켜 무수한 양민을 학살했다. 1948. 10

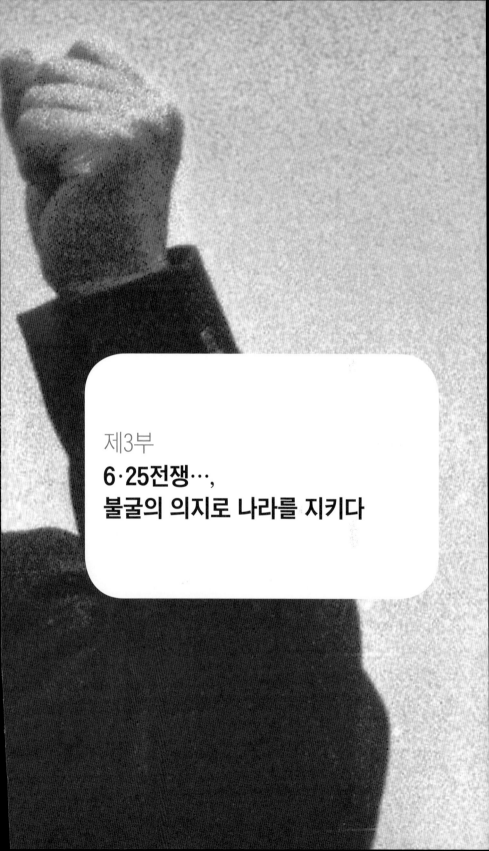

제3부

6·25전쟁···,
불굴의 의지로 나라를 지키다

북한의 기습 남침(南侵)

    1950년 6월 25일, 미처 동이 트기도 전에 북한군은 38선을 돌파하여 물밀 듯이 남쪽으로 쳐들어왔다. 하지만 급보가 이승만 대통령에게 올라간 시각은 그리 빠르지 않았다. 전쟁 당일부터 일어난 일들을 꼼꼼하게 정리해둔 영부인 프란체스카(Francesca Donner Rhee) 여사의 일기에 의하면 "나(프란체스카)는 이날 오전 9시에 어금니 치료를 받으러 치과로 갔고, 대통령은 아침식사를 끝내자 9시 30분쯤 경회루로 낚시하러 나갔다"니까 대통령 부부는 여느 날과 다름없이 한가로운 일요일을 맞았던 모양이다.

    신성모(申性模) 국방부장관이 허겁지겁 경무대로 달려와 이승만을 만난 시간이 이날 오전 10시 30분. 그 자리에서 신성모는 개성이 오전 9시에 함락되었고, 탱크를 앞세운 북한군이 춘천 근교까지 밀고 내려왔다고 보고했다. 하지만 사태의 심각성을 모른 채 전반적인 분위기는 "그 자식들 장난치다 그만두겠지"라는 식이었다고 한다.

북한군의 남침을 보도한 1950년 6월 26일자 신문.

    신성모는 이승만에게 "크게 걱정하실 것 없습니다"라는 말을 되풀이했다. 경찰 정보만은 "상황이 심각하고 위급하다"는 것이었다. 이승만은 비서관을 불러 정보 확인을 지시했고, "예상 밖으로 적군의 힘이 강해 위험하다"는 보고를 받자 잠을 잊은 채 자정을 넘겼다.

이윽고 이튿날 새벽 3시가 되자 이승만은 참지 못하고 도쿄의 SCAP(연합군최고사령부) 맥아더 사령관에게 전화를 걸었다. 전화를 받은 전속부관이 맥아더를 깨울 수 없다고 하자 이승만은 벌컥 화를 내며 "한국에 있는 미국시민이 한 사람씩 죽어갈 터이니 장군을 잘 재우시오"라고 고함쳤다. 곁에서 깜짝 놀라 수화기를 가로막는 프란체스카에게 이승만은 "마미, 우리 국민이 맨손으로 죽어 가는데 사령관을 안 깨우다니 말이나 되는 소리요?"라며 몸을 떨었다.

　맥아더의 전속부관 역시 놀라기는 마찬가지였는지 "각하, 잠깐 기다려 주십시오" 하더니 맥아더를 깨우겠다고 했다. 평소 이승만은 맥아더를 소령 시절부터 잘 알고 있었다고 말했다. 맥아더의 장인이 '한국우호연맹'(League of Friends of Korea)의 고참 멤버로, 이승만이 독립운동하던 시절부터 도움을 주었다는 것이다.

　잠에서 깨어난 맥아더가 전화를 받자 이승만은 "오늘 이 사태가 벌어진 것은 누구의 책임이오? 당신 나라에서 좀 더 관심과 성의를 가졌다면 이런 사태까지

스탈린과 마오쩌둥(毛澤東)의 지원을 받은 북한 김일성의 북한군이 6월 25일 새벽 38선의 모든 전선에서 소련제 탱크 T-34를 앞세우고 기습 남침을 감행했다.

는 이르지 않았을 것이오. 우리가 여러 차례 경고하지 않습디까? 어서 한국을 구하시오!"라며 무섭게 항의했다.

맥아더는 즉시 도쿄 사령부의 무기담당 히키(Doyle Hicky) 장군에게 명해 무스탕 전투기 10대, 105mm 곡사포 36문, 155mm 곡사포 36문, 그리고 바주카포를 긴급지원하겠다고 약속했다. 이승만은 조종사 10명을 보내 단기훈련을 받고 나서 무스탕을 몰고 오게 하겠다며 전화를 끊었다.

맥아더와의 통화가 끝나자 워싱턴의 장면(張勉) 주미대사를 불렀다. "장 대사! 트루먼 대통령을 즉시 만나 이렇게 전하시오, 적은 우리 문전에 와있다고…. 미의회가 승인하고 트루먼 대통령이 결재한 2천만 달러 무기지원은 어떻게 된 것이오?"

이승만의 목소리는 흥분으로 계속 떨렸다.

유엔안보리가 6월 25일 오후(현지 시간) 긴급 소집되어
북한군이 침략행위를 즉각 중지하고 38선 이북으로 철수할 것을
요구하는 결의안을 채택했다는 사실을 보도한 〈뉴욕타임스〉 기사.
가운데 장면 대사가 트리그브 리 유엔 사무총장을 만나는 사진을 실었다.(왼쪽)
북한군이 38선 전역에서 남침했음을 보도한 6월 26일자 〈뉴욕타임스〉.(오른쪽)

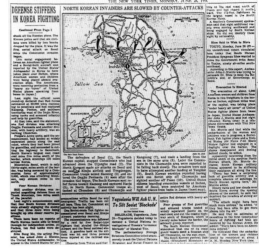

애치슨 라인

북한의 김일성이 전쟁을 감행한 데에는 몇 가지 요인이 있었다. 우선은 1948년 5월 10일 한국에서의 총선 후 미국이 주한미군의 철수를 계획하기 시작했다는 사실이다. 한국 국회는 그 해 11월 20일 한국군이 충분한 능력을 갖출 때까지 주한미군 철수의 연기를 요청하는 결의를 하였으나, 미국은 이를 무시하고 1949년 5월부터 병력 철수를 시작했다. 따라서 김일성의 남침 시점에서는 남한에 미군 병력이 거의 없는 '힘의 공백' 상태라고 할 수 있었다.

여기에 덧붙여진 또 하나의 요인이 이른바 '애치슨 라인'이었다. 1950년 1월 애치슨(Dean Acheson) 미 국무장관은 워싱턴 내셔널프레스클럽에서 "아시아에서의 미국의 방어선은 알류산열도~일본~필리핀으로 이어지는 선이 된다"고 밝혔다. 당시 국무성 차관이던 딘 러스크(Dean Rusk)의 회고록 『As I Saw It』에 의하면 애치슨 장관의 연설을 위해 참모들은 그 전 날 밤을 새우다시피 논의했으나 성안이 되지 않았다고 한다. 그러자 애치슨 장관이 "그냥 두라"면서 준비된 원고가 없는 상태에서 내셔널프레스클럽 연단에 섰다는 것이다. 소련 붕괴 후 공개된 6·25 전쟁 관련 외교문서를 보면 공산 측은 이 발언으로 미국이 한국에 개입할 의사가 없는 것으로 잘못 판단했음이 밝혀진다.

애치슨 발언을 본 이승만은 즉각 주미 한국대사관에 이 발언의 진위와 배경을 조사, 보고하라고 지시한다. 미 국무성은 한

애치슨 라인:한국과 대만이 미국의 극동 방위선상에서 제외되었음을 보여주고 있다.

국대사관 측의 문의에 대해 "미국 방위선 밖의 나라에 침범이 있으면 유엔의 테두리 안에서 보호한다는 내용도 있으니 너무 단정적으로 해석하지 말아 달라"고 답변했다.

소련의 스탈린은 김일성의 남침 계획을 처음에는 반대하다가 갑자기 태도를 바꿔 승인했다. 이것은 한반도를 미국의 극동 방어선에서 제외한 트루먼 행정부의 극비문서를 입수한 것이 영향을 미쳤다고 헨리 키신저 전(前) 미 국무장관이 2011년 5월에 발간한 저서 『중국에 관하여(On China)』에서 밝혔다.

키신저는 이 책에서 "최근 획득한 외교문서는 스탈린이 김일성의 남침 요청을 거부하다가 입장을 바꾼 것은 당시 스파이망을 통해 입수한 외교문서(NSC48/2)가 한국을 미국의 방어선 외곽에 두는 것을 명시하고 있었고, 특히 이 문서가 극비문서로 분류되었기 때문에 신뢰할 만한 정보로 간주했다"고 진단했다.

한국 실정을 시찰하기 위해 방한하는 미 국무장관 고문 존 포스트 덜레스 내외를 장면 주미대사(오른쪽)가 배웅하고 있다. 이에 앞서 장 대사는 덜레스에게 한국에 가면 38선의 방비상태를 직접 시찰하고, 국회 개원식 축사를 통해 "한국의 유사시에는 미국이 돕겠다는 공약을 하라"고 요청, 덜레스가 이를 그대로 실행했다.

조선족 출신 중국군이 북한군 핵심으로

　미군이 남한에서 철수한 것과는 대조적으로 마오쩌둥(毛澤東)은 1949년 4월 말, 김일성이 인민해방군에 소속된 조선족 장병을 귀환시켜 달라고 요청하자 이를 승낙했다. 그는 인민해방군의 동북군구(東北軍區) 소속 164, 166사단을 장비와 함께 북한으로 돌아가도록 했다. 이 해 여름에 북한으로 돌아온 2개 사단은 북한군 5, 6사단으로 재편되었다. 북한군은 약 2만 3천 명이 늘었고, 3개 사단이 5개 사단으로 증편되었다.

　바로 이 무렵 미국은 한국이 전략적으로 가치가 없다고 판단하고 약 4만 5천

김일성이 1949년 부수상 박헌영, 홍명희와 함께 스탈린을 만나기 위해 그렘린궁에 들어서고 있다.
김일성은 이후 1950년 4월 비밀리에 모스크바를 방문, 스탈린으로부터 마오쩌둥의 동의를 얻는 조건 아래
남침 승인을 받았다.

명의 주한 미군을 철수시켰다. 남북한의 군사력 균형이 무너진 셈이다. 김일성은 이때부터 방어적 자세에서 벗어나 남한 공격을 목표로 세운다.

1950년 1월 마오쩌둥은 김일성의 요청으로 다시 인민해방군 제4야전군 소속의 조선인 장병 1만 4천 명을 무기를 갖고 귀환하도록 해주었다. 이들은 4월 18일자로 북한군에 편입되었다. 전투 경험을 가진 3만 명이 넘는 인민해방군 출신들이 북한군의 핵심이 되어 남침 때 앞장서게 되는 것이다.

1950년 3월 30일 김일성은 모스크바를 방문하여 스탈린과 세 차례 만나 남침 허락과 함께 자세한 전쟁 계획을 지도받았다. 스탈린은 그 1년 전에는 남침을 허가하지 않았었다. 그 사이 중국이 공산화되고 소련이 핵무기를 보유하게 된 것이 전략상황을 급변시켰다.

스탈린은 남침을 허가하면서 조건을 달았다. 마오쩌둥을 만나 동의를 받으란 것이었다. 김일성은 5월 13일 베이징에서 마오쩌둥을 만났다. 마오쩌둥은 남침에 동의하면서 만약 미군이 참전하면 중국도 군대를 보내 도와주겠다고 약속했다.

서울 시내로 행진해 들어오는 북한군. 남침 후 불과 사흘 만에 수도 서울이 적의 수중에 떨어졌다. 1950. 6. 28

맥아더, 한강으로 가다

전쟁 초기의 다급한 상황에서도 이승만은 대통령으로서의 품위를 잃지 않고 국가수호를 위해 신속한 판단과 조치를 내렸다. 그는 전쟁 발발 약 7시간 후인 1950년 6월 25일 오전 11시 35분 경무대에서 존 무초(John Joseph Mucho) 미국대사의 방문을 받고 "한국이 제1차 세계대전의 배경이 되었던 제2의 사라예보가 되어서도 안 되겠지만, 이 위기를 이용하여 절호의 기회가 될 통일문제를 해결해야 한다"고 했다.

또한 그는 북한의 전면 기습 남침이 신생 대한민국에 최대의 위기임에 틀림없으나, 이에 굴하지 않고 "남녀노소 할 것 없이 온 국민이 돌멩이나 몽둥이라도 들고 나와 싸울 것이다"며 총력전 의지를 밝혔다.

당시 이승만에게 가장 필요한 것은 미국의 참전이었다. 미국의 참전은 곧 유엔의 참전을 의미했기 때문이다. 이를 위해 그는 대미 외교에 매진했고, 도쿄의 맥아더 사령관을 움직이는 데도 힘을 쏟았다.

6월 29일 아침, 구름이 낀 하늘에서는 비가 내리고 있음에도 맥아더는 전용기 바탄호에 몸을 실었다. 이날 한국에서 들려오는 뉴스로는 수도 서울이 적의 치열한 공격을 받고 있으며, 한국정부가 대전으로 이동했다는 소식이었다.

바탄호는 북한군의 폭격과 기총소사를 받아 파괴된 수송기들이 내뿜는 기름 냄새와 연기 사이를 뚫고 서울 남쪽 20마일 지점에 있는 수원에 착륙했다. 바탄호가 착륙하는 동안 간이 활주로의 한쪽 끝에 가해진 북한의 소련제 야크 전투기 공격은 사태의 절망적인 장면을 보여 주는 것이었다.

맥아더의 방문 소식을 듣고 임시수도 대전에서 이륙한 이승만의 비행기는 적 항공기의 요격을 피하기 위해 계곡을 전전하며 부득이 저공비행을 하지 않을 수 없었다. 두 사람이 수원 비행장에서 가까이 서로 다가섰을 때 역사는 이루어지고 있었다. 유엔 창설 이래 최초의 전쟁을 수행하기 위해 미국군 최고사령관과

1950년 6월 29일 맥아더 원수가 도쿄의 사령부로부터 수원비행장에 도착했다.

한국의 최고 통치자가 전쟁터에서 첫인사를 나누는 장면이었다.

"장군, 조심하세요. 귀하의 신발이 못자리를 밟고 있소."

하필 맥아더가 전용기에서 내려선 곳이 모가 심어져 있는 논이었던 것이다. 기습적으로 이승만에게 한 방을 먹은 맥아더는 머쓱한 표정을 지었다. 두 사람은 그 뒤 수원에 있는 서울대 농과대학으로 자리를 옮겨 한 시간 동안 북한 전투기가 계속 그 일대에 기총소사를 퍼붓는 가운데 사태의 심각성을 놓고 의논하였다. 맥아더는 이승만에게 '준비가 갖추어지는 대로' 전폭적인 미국의 지원을 약속했다.

맥아더는 대기 중이던 지프에 몸을 싣고 최전선인 한강 쪽으로 향하였다. 한국군은 완전히 분산되어 후퇴하고 있었다. 맥아더는 한강 둑 조금 앞에 있는 언덕에 올라가 강 건너를 바라보았다. 거기 보이는 광경은 참으로 비참하였다. 서

애치슨 미 국무장관의 정치고문인 론 포스트 덜레스 씨는 6·25전쟁 발발 1주일 전인 1950년 6월 18일 오전 동두천 전방의 38선을 시찰했다. 그는 며칠 뒤의 김일성 남침을 전혀 눈치 채지 못했다. 그러나 덜레스는 이때 "유사시 미국이 한국을 그냥 놓아둘 리가 없다"는 발언을 했다. 사진에서 손으로 얼굴을 가린 이가 유재흥(劉載興) 준장, 그 오른쪽이 덜레스, 쌍안경을 든 이가 신성모 국무총리 서리. 그 뒤에 임병직 외무장관과 채병덕(蔡炳德) 참모총장이 서 있다.

울은 연기를 내뿜는 불길에 휩싸여 있었다. 북한군은 쉴새없이 박격포를 쏘아대면서 한강다리를 향하여 밀어닥쳤다.

한강 연변에서 벌어지는 전투는 한국군의 방위능력이 이미 소멸되었다는 것을 확신시키고도 남음이 있었다. 북한군들이 탱크부대를 앞세우고 밀고 내려오는 것을 아무도 막을 수 없는 형편이었다. 그렇게 되면 한반도 전체가 공산 측의 차지가 된다.

맥아더는 미 공군 및 해군부대로 지원을 하더라도 적의 침공을 방어하기에는 불가능하다는 판단을 내렸다. 적의 남침을 막을 수 있는 길이 있다면 그것은 당장 미 지상군을 투입하는 도리밖에 없었다. 맥아더는 즉시 워싱턴에 지상군 부대의 투입을 요청하는 메시지를 보냈다.

트루먼, 지상군 파병을 승인하다

트루먼 대통령은 북한의 남침 전야인 6월 24일(미국시간) 아침, 볼티모어 공항 준공식에 참석한 후 주말을 보내기 위해 고향인 미주리의 인디펜던스로 내려가 있었다. 그날 밤 9시 20분 애치슨 국무장관으로부터 한국에서 전쟁이 일어났다는 보고를 듣고 트루먼은 이렇게 말했다고 한다.

"그 녀석들은 반드시 혼내 주어야 합니다!"

그리고 바로 워싱턴으로 돌아가려 했으나 애치슨 장관이 이튿날 낮에 출발하도록 권하면서, 유엔 안보리에 부의하는 데 대한 대통령의 승인을 받았다.

트루먼은 다음날 교회에서 아침예배를 마치자마자 곧바로 워싱턴으로 돌아와 관계 장관 및 참모들과 회의를 가졌다. 이때 회의에 참석한 모든 이들이 "공산권의 세력 확장은 그것이 한국이든 어디든 간에 더 이상 허용될 수 없다"는 데 공

한국에 처음으로 공수된 스미스부대(최초의 파견 지상군) 장병들이 대전역에 도착하는 모습. 1950. 7. 1

태평양전쟁의 영웅이며 대한민국 건국의 후원자였던 맥아더 원수가 콜린스 미 육참총장으로부터 공산 침략을 저지할 유엔군 부대 지휘관에게 주는 유엔기를 받고 있다. 1950. 7. 15

감했다고 한다.

그로부터 닷새가 지난 6월 30일 새벽 3시, 미 국방성은 한국전선을 시찰한 맥아더 원수의 전문을 받았다. 맥아더는 "타이밍이 핵심이다. 지체 없는 명확한 결정을 바란다"고 강조했다. 프랑크 페이스 육군장관이 백악관으로 전화를 건 시각은 새벽 4시 47분. 트루먼은 벌써 일어나 면도를 마친 상태였다. 그는 침대 옆에 있는 수화기를 들었다. 페이스 장관은 "맥아더가 우선 2개 사단의 투입을 건의했다"고 말했다.

트루먼은 주저하지 않았다.

나중에 그는 한국으로 지상군을 파병하는 결정이 가장 어려웠다고 회고했다. 일본에 원자폭탄을 투하하는 결정보다 더 어려웠다는 것이다. 그는 공산주의자들의 침략을 저지하여 자유국가를 지켜내야 한다는 사명감과, 아시아에서 큰 전쟁을 일으켜선 안 된다는 걱정 사이에서 결정을 내려야 했다. 이날 일기에서 트루먼은 "마오쩌둥이 무슨 짓을 할까, 러시아의 다음 행동은 무엇일까?"라고 썼다.

이렇게 하여 워싱턴에 있는 한국전 기념물의 명문(銘文)대로 '알지도 못하는 나라의, 만나본 적도 없는 사람들을 지키기 위하여' 미국의 젊은이들이 한국으로 파병된다. 이후 3년간 전장에서 미군은 5만여 명이 죽고 10만 명 이상이 다치게 된다.

트루먼은 미군을 투입하여 한국을 지켜내어야 할 아무런 조약상 의무가 없었다. 당시 미 군부는 한국은 미국이 싸워서까지 보호할 만한 전략적 가치가 없는 곳이란 판단을 내려놓고 있었다. 그런 점에서 트루먼의 파병 결정은 극히 예외적인 조치였다.

한국군 작전 지휘권 이양

정일권에게 있어서 1950년 6월 30일은 가장 긴장되고 잊을 수 없는 날이었다. 북한의 남침소식을 듣자마자 미국에서 귀국, 한강 전선을 둘러보고 수원의 육군본부에 귀임한 순간 충남 도지사관사로 옮겨져 있던 임시 경무대로부터 긴급호출을 받았다.

정일권은 영문을 모른 채 부랴부랴 대전으로 달려갔다. 이승만은 다음과 같은 임명장을 손수 써두었고, 국방장관 신성모가 대신 읽었다.

「육군참모부장 정일권을 육군총참모장 겸 육해공 3군 사령관으로 임명함」

시각은 이미 7월 1일 0시를 지나고

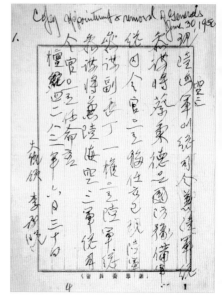

6·25전쟁 발발 닷새만인 1950년 6월 30일. 이승만이 선거위원회 용지에 직접 써서 서명한 정일권 중장의 육해공 3군 총사령관 임명장. 당시의 급박했던 상황을 보여준다.

있었다. 이 시각부터 정일권은 모든 작전을 주재하고 책임져야 했다. 그런데 그로부터 불과 보름이 되기 전에 유엔군과 한국군의 작전 지휘권 문제가 대두되었다.

7월 13일 한국에 도착한 월턴 워커(Walton H. Walker) 장군의 영접행사가 끝나자마자 정일권은 대전에서 다시 대구로 옮겨간 임시 경무대(경북 도지사관사)로 갔다. 또 대통령의 호출이 있었던 것이다. 이승만이 "나는 오늘 중대한 결정을 내리기로 했습니다. 내 뜻은 여기에 적혀 있습니다. 잘 읽어보고 내가 잘하는 것인지 잘못하는 것인지 솔직하게 얘기해주기 바라오"라고 했다.

타자기 위에는 영문으로 타이핑된 하얀 종이 두 장이 놓여 있었다. 그 첫줄에

'Dear General MacArthur'라고 찍혀 있었다. 맥아더 장군에게 보내려는 것이었다. 정일권은 한 줄 한 줄 단어 하나까지 신중하게 읽어 내려갔다. 요지는 이러했다.

"한국 내 또는 한국 근해에서 작전 중인 유엔군의 모든 부대가 귀하에게 통솔되고 귀하가 그 최고 사령관에 임명되어 있는 사실을 감안하여, 나는 현재의 작전상태가 계속되는 동안 일체의 지휘권을 귀하에게 위촉함을 기쁘게 생각합니다."

강릉에 있는 전방사령부를 방문한 이승만을 맞이하는 정일권 중장. 1951년 말.

한국군의 작전권 이양에 관한 서한이었다. 7월 17일 맥아더 장군의 회신이 주한 미국대사 존 무초를 통해 전달되었다.

"존경하는 이 대통령 각하. 각하가 취하신 조치에 대해 충심으로 감사와 경의를 표합니다. 한국 내에서 작전 중인 유엔군의 통솔력은 필히 증강될 것입니다. 용감무쌍한 대한민국 국군을 나의 지휘 하에 두게 된 것을 영광으로 생각합니다."

정중하고 성의 넘치는 회신이었다. 이날 오전과 오후에 걸쳐 워커 장군에게 작전 지휘권과 유엔기가 전달되었다. 정일권은 회고록에서 "그 후 40여 년간 말도 많고 곡절도 많았던 이 작전지휘권 이양으로 인해 온갖 곡해를 견디어야 했으나, 나는 이 글을 쓰는 지금도 대한민국이 당면했던 위기 속에서 이승만 대통령이 내린 결정을 비범한 영단이었다고 믿어 의심치 않는다"고 밝혔다.

(기함(旗艦) 마운트 매킨리 함상에서 인천 상륙작전을 지휘하고
있는 맥아더 유엔군 사령관. 뒤에 알몬드 육군 소장과 위트너
육군 준장 등이 서 있다. 1950. 9. 15

인천상륙작전

해군참모총장 손원일(孫元一)이 이승만에게 작별인사를 하러온 것은 9월 12일 아침이었다. 그는 해병대원 3천 명을 이끌고 정오에 배로 떠난다고 보고했다. 그 시간, 울산 쪽 동해안에 12척의 큰 함정들이 대기 중이었다.

손원일은 일본으로 훈련하러 떠났던 8천 명의 한국군 장병들도 돌아와 미군과 함께 상륙작전에 참가할 예정이라고 보고했다. 그렇지만 상륙지점이 어딘지에 관한 정보는 없었다. 일설에는 전남 목포라는 뜬소문도 나돌았다.

다만 공격 시기와 관련, 이승만은 미군 수뇌부에 추수기 이전에 공격해야 한다고 누누이 강조하고 재촉했다. 왜냐하면 피난민들에게 추수가 끝난 텅 빈 들판과 부서진 집으로 돌아가라고 할 수는 없지 않느냐는 이유에서였다. 추수를 우리 손으로 할 수 있다면 전쟁의 반은 이기고 들어가는 셈이었던 것이다.

9월 15일 오전 9시를 기해 모든 전선에서 총공격이 시작됐다. 날씨는 좋지 않았다. 사라진 줄 알았던 태풍이 다시 횡포를 부리고 있었다. 이때가 되어서야 맥아더 장군의 인천상륙작전이 성공했다는 소식이 전해졌다. 그래도 공식발표나 보고가 있었던 것은 아니었다.

그저 SCAP(연합군최고사령부) 방송을 들어서 알 뿐이었다. 인천상륙작전은 해군과 해병대가 주도하고 있기 때문에 워커 장군은 아무것도 모르는 모양이었다. 비행기로 지원 폭격도 하지 않았다. 그것을 미 육군과 해군의 작전 방식으로 이해할 수밖에 없었다.

하지만 아무리 치열한 전쟁 상황이었고, 또 대통령을 비롯한 수뇌부가 피난지 부산에 머물고 있었다손 치더라도, 이 나라의 운명이 걸린 대규모 군사작전에 대한 기본정보조차 제대로 전달되지 않았다는 사실에는 탄식을 금하지 않을 도리가 없다.

서울 탈환과 환도식

인천상륙작전이 성공을 거두고 2주일이 지난 1950년 9월 28일, 총성은 북쪽으로 멀어지고 중앙청에는 태극기가 펄럭이기 시작했다. 서울 시민들로서 실로 89일 만에 바라보는 태극기였다. 이승만은 이 공전의 대작전을 성공시킨 맥아더에게 감사했다. 그런데 바로 그 맥아더가 메시지를 보내왔다.

"내일 29일, 서울에서 뵙고자 합니다. 정오를 기하여 귀국의 수도 서울을 귀하 및 귀하의 정부에 인도해 드리겠습니다."

메시지에는 수송기를 부산 근교의 수영비행장으로 보내겠다는 말도 덧붙여져 있었다.

29일 오전 8시, 이승만은 프란체스카와 무초 주한 미국대사, 그리고 정부 각료들과 함께 서울로 향했다. 이때의 일을 프란체스카는 다음과 같이 회상했다.

"비행장에 도착하니 많은 차들이 늘어서 있었다. 우리가 탈 차는 맥아더 장군이 마련해준 카키색 세단이라고 노블(William Arthur Noble) 박사가 가르쳐 주었다. 눈에 익은 몇몇 외국 특파원과 한국 기자들이 대통령의 서울 복귀를 취재하려고 기다리고 있었다. 맥아더 장군 곁에는 워커 장군, 에드워드 알몬드(Edward Almond) 장군, 터너 조이(Turner Joy) 제독 등이 서 있었다.

대통령은 비행기 트랩을 내린 다음 맥아더 장군과 악수를 나누며 감격적으로 껴안았다. 그 순간 나는 눈시울이 뜨거워지고 목이 메어 대통령 뒤에 가만히 서 있었다. 이어 맥아더 장군이 미소를 지으며 다가와서 나에게 자기 부인의 안부 인사를 전했다.

맥아더 장군의 부인은 아주 매력 있는 주부이고, 남편의 지위 때문에 티를 내는 일이 없는 겸손한 아내였다. 우리는 만나자마자 금방 친숙해졌고 서로 마음이 잘 통했다. 승전국 최고사령관의 부인으로서 늘 검소했으며 사치나 낭비를

서울 탈환작전에서 선봉에 섰던 해병대 2대대
6중대 1소대 박정모 소위와 최국병 해병이
다시 찾은 중앙청에서 태극기를 게양하는 모습.
1950. 9. 28

죄악으로 생각하는 절제 있고 조용한 내조자였다.

맥아더 장군은 독실한 기독교인으로, 동양인을 제대로 이해하며 존경하는 겸허한 인품과 솔직한 태도 때문에 대통령은 무척 그를 좋아했다. 공적으로 자기 나라의 이익에 관계되는 일에서 의견이 다를 경우, 둘이 모두 강한 성격을 드러내고 서로가 한 치의 양보도 없었다.

하지만 사적으로 장군과 대통령은 샘이 날 정도로 항상 다정했다. 언제나 격의 없이 심금을 털어놓고 이야기했고, 서로를 위하고 아껴주었다.

맥아더 장군이 대통령의 차를 앞세우도록 지시하려 하자 대통령은 '오늘은 개선장군이 먼저 환영을 받아야 하오. 장군의 차를 앞세우시오. 이것은 한국 국민 전체의 뜻이오!' 하고 우리 차가 장군의 차 뒤를 따르도록 했다.

뽀얗게 일어나는 먼지 길을 서울로 향해 달렸다. 먼지 사이로 한강이 보이기 시작했다. 오! 얼마나 한 맺힌 눈물을 흘려보낸 강이었는가. 강물은 변함없이 흐르고 있었고, 한강을 바라보는 대통령의 눈에서 눈물이 흘러내렸다.

다리는 폭격으로 모두 부서져 있었다. 차는 한강을 건너 강둑을 올라가서 마포를 지나 서대문 쪽으로 달렸다. 서울 시가는 무참하게 파괴되어 있었다. 전쟁이 할퀴고 간 도로변에는 영양실조로 수척해진 시민들이 태극기를 들고 나와서 대통령을 보자 눈물을 흘리며 만세를 부르고 손을 흔들어 환영해주었다. 대통령도 나도 감격하여 눈물이 솟구쳐 올랐다."

어수선한 가운데 정오 정각부터 환도식이 거행되었다. 먼저 맥아더가 연단에 올라섰다.

"자비로운 하나님의 가호로 우리 유엔군은 여기 대한민국의 오랜 수도 서울을 수복하였습니다. 이제 서울은 잔학한 공산주의의 압제에서 벗어나 시민들은 대한민국의 자유와 존엄성을 누리게 되었습니다. 이 결정적인 승리를 우리들의 힘으로 되찾게 해주신 전능하신 하나님께 충심으로 감사드립니다."

이어서 맥아더는 이승만 쪽으로 자세를 바꾸면서 "Mr. President! 저와 저희 장교 일동은 이 순간부터 군무에 전념하고, 민사의 모든 것은 각하와 각하의 정

이승만과 맥아더가 곧 시작될 서울 환도식을 기다리며 담소를 나누고 있다. 뒤에 무초의 모습이 보인다. 1950. 9. 29

서울 중앙청에서 열린 환도식에서 맥아더의 연설을 이승만 내외가 경청하고 있다. 1950. 9. 29

부에 맡기고자 합니다"고 선언했다. 그런 다음 대통령의 손을 잡아 연단으로 이끌었다.

연단에 선 이승만은 "오늘의 이 감격스런 순간을 있게 해준 맥아더 장군과 휘하 유엔군 장병들에게 뭐라 감사드려야 할지 모르겠습니다. 그 감사의 뜻을 다소나마 표하고자 이 훈장을 장군에게 드리는 바입니다"는 말과 함께 '태극무공훈장'을 맥아더에게 수여했다.

식은 약 45분 만에 끝났다. 악대도 의장대도 없었지만 참으로 감격적이고 의미 있는 환도식이었다.

"38선을 넘어 즉각 북진하라!"

미국이 비록 이승만의 뜻대로 참전은 했으나, 미국의 정책은 전쟁 이전 상태로 돌아가는 '38선 회복'이었다. 미국은 한반도 통일까지는 고려하지 않고 있었다. 여기서 이승만 특유의 기민성과 결단력이 나온다. 그는 미국이 참전하자 기다렸다는 듯이 남북통일에 걸림돌이 될 '38선 폐지론'을 주장했다.

그는 트루먼에게 보낸 감사편지에서도 "북한 정권이 무력으로 38도선을 남침한 이상 더 이상 38도선은 존속할 이유가 완전히 없어졌다. 따라서 전쟁 이전의 상태로 다시 돌아간다는 것은 도저히 있을 수 없는 일이다"며 38도선 돌파의 당위성을 피력했다.

이에 트루먼도 9월 1일 기자회견에서 "38도선 돌파는 유엔에 달려 있다"고 화답했다. 이는 미국이 전쟁 초기 '전쟁 이전 상태로의 복귀'라는 최초 목표에서 '38도선 돌파 및 한국통일'이라는 새로운 목표로 전환하되, 유엔의 테두리 내에서 추진하겠다는 방침을 제시한 것이었다.

이승만은 여기서 그치지 않고 이를 계속 이슈화시켰다. 그는 인천상륙작전 성공 경축대회에서도 38도선 돌파를 주장하며 압록강, 두만강까지 밀고 올라가 북진통일을 이루겠다고 연설했다. 그에게는 오직 통일만이 존재했다.

모두가 들뜬 마음으로 환도식을 치른 이튿날, 마침내 국군 제1군단의 수도사단과 제3사단의 최선봉 부대가 거의 동시에 38선에 도달했다는 쾌보가 전해졌다. 군단장 김백일(金白一) 장군의 목소리가 수화기에 쩌렁쩌렁하여 정일권은 귀청이 따가울 정도였다. 38선에 도달했으니 북진명령만 떨어지면 당장 밀고 올라갈 것 같았다.

유엔군 최고사령관이 명령할 때까지 여하한 부대도 38선을 넘어서는 안 된다는 지시가 워커를 통해 정일권에게도 전달되어 있었다. 그러나 이승만의 주장은

이승만이 참모총장 정일권에게
건넨 「38선 돌파에 관한 지령」이라고
쓴 명령서. 이승만은 대통령 비서실
전용 원고지에 펜글씨로
"즉시 38선을 돌파하라"고 써서
명령을 내렸다. 1950. 9. 30

간단명료했다. 38선은 이미 김일성에 의해 사라져버렸다는 것이다.

　그러니 유엔군의 불가론에 개의치 않고 전선을 확대하여 적을 압록강 밖으로 몰아내야 한다고 주장했다. 이튿날, 경무대로부터 한국군 수뇌부에 긴급 지시가 떨어졌다. 이들은 대통령 집무실로 안내되었다. 집무실 접견은 극히 드문 일이어서 정일권은 예사롭지 않음을 직감했다고 한다.

　과연 이승만은 여느 때와 달랐다. 대뜸 "정 총장, 어느 쪽인가? 미국 쪽인가, 한국 쪽인가?"하고 묻는 것이었다. 그리고는 "우리 3사단과 수도사단이 38선에 도달했는데도 어찌하여 북진명령을 내리지 않는가? 38선 때문인가, 아니면 딴 이유라도 있는가?"하고 물었다.

　그것은 질문이 아니라 차라리 꾸중이었다. 대답하지 않을 수 없었던 정일권이 "38선 때문입니다"하고 답했다. 그러자 이승만의 노기 띤 목소리가 한층 높아졌다.

　"38선이 어찌 되었다는 것인가? 무슨 철조망이라도 쳐 있다는 것인가, 장벽이

강원도 양양에서 38선을 돌파하고 기념촬영하는 국군 3사단 23연대 장병들. 1950.10.1

라도 쌓여 있다는 것인가, 넘지 못할 골짜기라도 있다는 것인가?"

처음 겪는 대통령의 노여움에 다들 고개를 들지 못했다. 이승만은 참모 한 명한 명에게 똑같은 질문을 던졌다. 대답은 모두 하나였다. 대통령의 명령에 따르겠다는 것이었다. 이승만은 비로소 노기를 풀며 참모총장의 결심을 물었다. 정일권이 힘주어 대답했다.

"저희들은 대한민국의 군인입니다. 유엔군과의 지휘권문제가 있습니다만 저희들은 각하의 명령을 따라야 할 사명과 각오를 가지고 있습니다. 38선 돌파는 시간문제입니다. 명령만 내리신다면, 제가 현장에 가서 책임지고 결정하겠습니다."

그 말을 듣고 난 이승만이 "이것은 나의 결심이요, 명령입니다"라고 하면서 책상 위에 놓인 종이 한 장을 정일권에게 건넸다. 거기에는 펜글씨로 이렇게 적혀 있었다.

「대한민국 국군은 38선을 넘어 즉시 북진하라. 1950년 9월 30일 대통령 이승만」

바로 그 이튿날인 10월 1일, 강원도 양양 전선에서 국군 3사단 23연대가 38선을 돌파했다. 이날을 기념하여 한국에서는 10월 1일을 '국군의 날'로 정하여 해마다 축하 행사가 베풀어지게 되었다.

평양시청 앞 광장에서 열린 국군 입성 환영 평양 시민대회에 참석한 이승만 대통령. 1950. 10. 30.(사진 위)
국군 제1사단장 백선엽 준장(왼쪽)이 1950년 10월 19일 평양 점령 직후 대동강 다리 근처에서
미 제1군단장 밀번 소장에게 전황을 설명하고 있다.(사진 아래)

중국군 참전과 소련의 휴전 제의

6·25전쟁은 중국군의 개입으로 전세가 급박하게 전개되었다. 1950년 11월 6일 유엔군 사령부는 중국군의 개입을 보고받았다. 11월 하순, 유엔군은 20만 명 이상의 막대한 중국군의 공세를 피하기 위해 남쪽으로 후퇴하게 된다. 서울을 또다시 적의 수중에 넘겨야 했고, 전쟁의 양상은 유엔군과 북한군과의 대결에서 상당 기간 중국군과 대결하는 양상으로 변해 버렸다.

중국군의 전쟁 개입으로 전세가 불리해지자 미국 내에서도 중국군의 후방기지인 만주의 '면제 구역'에 대한 폭격 여론이 맹렬히 일어남에 따라 트루먼 대통령은 원자무기의 사용을 시사하기에 이르렀다. 이러한 강경정책이 새로운 세계대전 유발로 비화할 것을 두려워하는 유럽 쪽의 우려 여론 또한 높아졌다. 특히 영국의 견제가 심했다.

유엔총회는 1951년 2월 1일 안보리가 상임이사국의 의견 불일치로 중국의 개입에 대해 적절한 대응을 하지 못한다는 사실을 지적했다. 또한 중국이 북한을 원조하고 유엔군에 대항하여 적대행위를 함으로써 침략을 범하고 있다고 지적, 중국을 '침략자'로 규정했다.

한편 6·25전쟁의 휴전 제의는 전쟁 발발 1년 뒤인 1951년 6월 23일 야코브 말리크(Yacov Malik) 유엔 주재 소련 대표의 라디오 방송에서 처음으로 제기되었

얼어붙은 압록강을 건너 남하하는 중공군. 1950. 10. 19

다. 여기에서 말리크는 휴전회담 개최와 양군의 38도선으로부터의 철수를 제의
했다.

휴전에 대한 한국의 반대 입장은 단호했다. 말리크의 발언이 나오기 이전인
1951년 6월 11일, 변영태 외무장관은 국회연설을 통해 '38선 휴전설'을 강력

히 부인했다. 양유찬 주미대사는 38선 타협은 유엔의 자살행위라고 주장했다.

또한 이승만 대통령은 김일성의 남침전쟁으로 이미 제거된 38선을 또 다시 재생시키는 어떠한 휴전에도 반대하며, 만약 유엔군이 투지를 굽혀 휴전협상을 개시하는 경우, 실지(失地)를 회복할 때까지 단독적인 행동을 취하겠다고 성명을 발표한 후 7월 3일 트루먼 대통령에게 발송했다.

이 같은 한국 측의 반대에도 불구하고 제1차 휴전회담은 1951년 7월 10일부터 15일간 개성에서 개최되었다. 개성에서 휴전회담이 시작되자 이승만은 결사반대했다. 공교롭게도 1952년 미국 대선에서 휴전을 공약한 아이젠하워가 당선되었다. 이승만은 가만히 있지 않았다. 미국의 휴전협상에 사사건건 반대했다.

그러자 미국은 또 다시 이승만 제거계획을 은밀히 추진했다. 당시로부터 약 22년이 지난 1975년 8월 3일 〈뉴욕타임스〉는 새로 분류된 기밀문서에 근거를 두고 아이젠하워와 덜레스, 그리고 합동참모본부의 각군 참모총장들이 이승만 체포와 남한을 다시 미군정 하에 두는 문제를 심각하게 고려중이었다는 사실을 밝히는 기사를 실었다.

폭파된 대동강 철교를 넘어 남하하는
피난민 행렬. AP통신 막스 데스포가
촬영해 1951년 퓰리처상을 받았다.
(오른쪽 사진)
중공군에 밀려 또다시 서울을 버리고
피난길에 오른 행렬. 지금의 과천
부근이다.(사진 아래)

지하 땅굴에 마련된 중공군 사령부를
방문한 김일성(가운데).
사령부 입구에서 팽더화이(彭德懷)
중공군 사령관(앞줄 오른쪽에서 두
번째)과 양측 부장들이 함께 했다.
(왼쪽 페이지 사진)

아이크, 한국에 오다

미국 대통령 당선자인 드와이트 아이젠하워(Dwight David Eisenhower)의 한국 방문은 전쟁이 한창일 때 이루어짐으로써 철저한 보안에 가려져 있었다. 게다가 이승만과 아이젠하워 사이의 파워 게임, 혹은 자존심 대결도 여간이 아니었다.

1952년 12월 2일, 아이젠하워가 오마 브래들리(Omar Nelson Bradley) 합참의장, 찰스 윌슨(Charles Wilson) 국방장관 내정자 등과 함께 수원비행장에 내렸을 때 환영 나온 한국정부 인사는 아무도 없었다. 하와이~미드웨이~웨이크도~유황도를 거쳐 수원에 내린 아이젠하워는 미8군 사령부에서 나온 대령 1명의 영접을 받았다.

이승만은 이미 열흘 전인 11월 21일에 마크 클라크 장군으로부터 귀띔을 받아 아이젠하워의 방한 사실을 미리 알고 대대적으로 환영해주려고 마음먹었다. 그러나 클라크는 환영행사 등으로 방한 사실이 노출될 것을 우려해 도착일시와 장소를 비밀에 부쳐 버렸다.

아이젠하워는 서울시내의 서울대학교 문리대 자리에 있던 미 8군사령부에 도착하자마자 클라크에게 "존은 지금 어디 있는가?"고 물었다. 그의 외아들 존 소령이 6·25전쟁에 참전하고 있었던 것이다. 또한 클라크가 전쟁을 승리로 이끌기 위한 계획과 한국군 증강문제를 거론하려 했으나 아이젠하워는 휴전 가능성에만 관심을 드러낼 뿐이었다고 한다.

이튿날 클라크와 밴 플리트(James A. Van Fleet) 장군으로부터 전황보고를 받은 다음에야 아이젠하워는 3사단 작전국에 배속되어 있던 아들 존을 만나 재회의 기쁨을 나눌 수 있었다.

아이젠하워를 기다리다 못한 이승만은 전선 시찰 후 오후 4시쯤 돌아온 그를

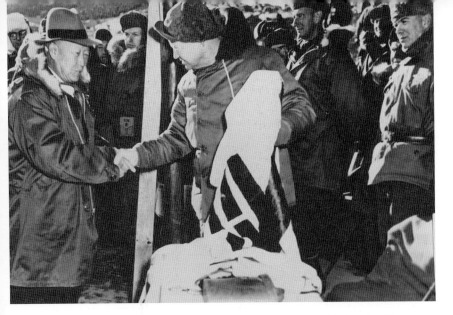

미 대통령 당선자 아이젠하워가 선거공약에 따라 극비리에 한국을 방문. 한국군과 미군부대를 시찰하는 도중 이승만으로부터 태극기를 선물 받았다. 1952. 12. 2

미 8군으로 찾아갔다. 두 사람은 간단하고도 의례적인 인사를 나눴다. 이승만이 환영행사를 마련하겠으니 참석해달라고 초청했으나 아이젠하워는 시간이 없어 참석할 수 없다는 뜻을 표시했다.

　이튿날 아이젠하워는 경비행기로 영 연방사단, 미2사단과 3사단, 한국군 수도 사단을 시찰한 다음 한국을 떠날 예정이었다. 떠나기 직전 아이젠하워는 수행원 들과 함께 경무대를 방문했다. 바로 출발해야 했으므로 만나는 시간은 매우 짧 게 잡혔다. 아이젠하워가 작별을 고하자 이승만이 "내 각료들을 소개하겠다"면 서 옆방으로 나갔다. 문이 열리자 방은 사람들로 가득 메워져 있었다. 분명히 이 승만이 미리 대기시켜 놓은 것 같았다. 뿐만 아니라 신문기자와 사진기자, 무비 카메라맨들이 들어왔다. 이승만은 아이젠하워가 자신을 방문했다는 사실을 멋 지게 기록으로 남기려 했음이 틀림없었다.

　아이젠하워는 잠시 후 서둘러 바깥으로 나갔다. 그러나 밖에는 불빛이 휘황찬 란했고, 한국군 3군 의장대와 군악대, 그리고 사진기자들이 몰려 있었다. 클라크 는 그 광경이 "마치 할리우드의 개봉 전야제 같았다"고 표현했다.

이승만, 휴전 수락 조건 제시

휴전 조인을 몇 달 앞둔 시점에서 미국은 곤경에 빠졌다. 미국의 이익을 위해 휴전조인을 강행할 경우 이승만이 단독 북진한다면 휴전은 깨질 것이다. 이승만의 북진통일 주장은 그렇게 위협적이었다.

결정타는 반공(反共)포로 석방이었다. 1953년 6월 18일, 이승만은 유엔군이 관리하던 포로수용소 문을 강제로 열고 북한으로의 송환을 거부하는 북한군 포로, 즉 반공포로들을 석방하라고 한국군에 명령했다. 포로수용소는 한국군 경비대를 포함한 유엔군 관리 하에 있었다. 이승만은 유엔군 관할에서 벗어나 있는 한국군 헌병사령관에게 휘하의 헌병들을 동원하여 반공포로를 석방시키라는 비밀 명령을 내렸다.

이승만의 지령은 당일 자정부터 새벽 5시 사이에 절묘하게 집행되었다. 한국군은 유엔군 초병들을 감금하거나 무장해제하여 반공포로 약 3만 명을 풀어주었다. 이 과정에서 971명이 붙잡혀 수용소로 되돌아갔고, 61명이 사살되었으며, 116명이 부상했다. (『US Army in the Korean War : Truce and Fighting Front』)

이 같은 이승만의 강경한 대응에 미국은 물론 전 세계가 놀랐다. 당황한 미국은 이승만을 달래느라 부랴부랴 미국으로 초청했다. 그렇지만 이승만은 "나는 못 간다. 국무장관 덜레스를 한국으로 보내라"고 버티었다. 미국은 어쩔 수 없이 국무차관보 월터 로버트슨(Walter S. Robertson)을 특사로 대신 파견했다.

로버트슨에게 이승만은 힘든 교섭상대였다. 그러나 워싱턴에 돌아간 그는 의회보고서에서 "이 대통령에 대해 말들이 많지만 한마디로 그의 주장은 공산주의와의 싸움이다. 우리 동맹국들 모두가 그의 정신을 지녔다면 세상은 덜 시끄러울 것이다"라고 썼다.

이승만의 견해에 따라 로버트슨은 자유수호에 성공한 한반도의 반쪽만이라도

1954년 1월, 마지막으로 석방된 반공포로들이 이승만의 초상화를 들고 행진했다. 이승만은 휴전협상이 막바지에 이르렀던 그 전 해 6월 18일, 2만7천여 명의 반공포로를 석방했다.(사진 위)
서울 덕수궁 대한문 앞에서 휴전 반대 시위를 벌이는 데모대. 이승만은 유엔군이 계속 휴전을 고집하면 한국군의 단독 북진도 불사하겠다는 폭탄선언까지 하며 휴전을 반대했다. 1953. 6. 28.(왼쪽 사진)

지키기 위한 방안으로 한미상호방위조약에 관한 논의가 필요하다는 데 동의했다. 이승만이 제시한 휴전 수락 조건은 4가지였다.

①한미상호방위조약 체결 ②장기 경제원조 및 첫 조치로 2억 달러 공여 ③한국군 증강계획의 지속 ④한미고위급회담 정례화

미국은 결국 이 조건들을 수락해야 했다. 휴전협정이 조인되자 유엔군사령관 클라크가 말했다. "싸워서 이기기보다 평화를 얻는 게 더 어려웠고, 적군보다 이승만 대통령이 더 힘들었다"고.

이승만은 대한민국의 이익을 위해 우방 미국의 세계 전략을 여러 번 수정하게 만들었다. 대한민국은 이승만의 미국과의 투쟁으로 태어났고 성장했다고 해도 과언이 아닐 것이다.

서울에 온 닉슨

1953년 가을 리처드 닉슨(Richard Milhous Nixon) 부통령이 서울에 도착했을 때 그는 이승만에게 보내는 아이젠하워의 친서를 갖고 있었다. 닉슨을 만난 주한 미국대사 엘리스 브릭스(Ellis O. Briggs)는 아이젠하워처럼 "휴전에 반대해온 이승만이 북한군을 독단으로 공격하여 미국을 전쟁에 끌어들일지 모른다"는 불안을 갖고 있었다.

이승만은 자신이 그렇게 북한을 공격하면 미국이 한국을 돕지 않을 수 없게 될 것이라고 오판하고 있을지 모른다는 것이었다. 하지만 닉슨은 전혀 다른 생각을 가진 사람을 대사관에서 만났다. 특별 협상팀을 이끌고 있던 아서 딘(Arthur Dean)은 닉슨이 아이젠하워의 친서를 휴대한 것을 알고 말했다.

"이 대통령의 이빨을 뽑고 그로부터 무기를 빼앗아버리는 행동을 하지 않았으면 합니다. 그는 위대한 지도자입니다. 우리의 친구들이 거의가 상황이 좋을 때만 친구인 척하는데 반해, 이 대통령은 언제나 믿을 수 있는 진정한 친구입니다."

이튿날 닉슨은 경무대를 방문했다. 닉슨이 관찰한 이승만은 날씬한 몸매에 걸음걸이가 활달했고, 악수할 때의 힘도 세었다. 78세라고는 믿어지지 않았다. 감색 양복에 감색 넥타이를 맸다. 이승만은 닉슨이 "개인적으로 논의할 사안이 있다"고 말하자 배석자를 물렸다.

닉슨이 "나는 아이젠하워 대통령을 대표할 뿐 아니라 한국의 친구로서 활동한 오랜 기록을 가진 사람이다"고 말했다. 이승만은 그런 말을 하는 닉슨을 응시했다. 닉슨이 아이젠하워의 친서를 호주머니에서 꺼내 건네주었다. 이승만은 편지 봉투를 조심스럽게 만지더니 천천히, 계산된 행동을 하듯이 봉투를 열고 편지를 꺼냈다.

그는 큰소리로 읽어 내려갔다. 위엄 있고 정확한 발음이었다. 이 친서에서 아

방한한 닉슨 미 부통령의 환영식에서 함께 지프에 올라 의장대를 사열하는 이승만. 1953.11.13

이젠하워는 "한국이 또 다른 전쟁을 시작하는 것을 용납하지 않겠다"고 못박은 뒤, 이승만이 그렇게 하지 않겠다는 약속을 해주도록 요청했다. 이승만은 편지를 무릎 위에 놓고 한참 내려다보았다. 그가 얼굴을 들었을 때 눈가에 눈물이 맺혀 있었다.

　이승만이 "아주 좋은 편지입니다"면서 이야기를 시작했다. 친서 내용과는 다른 화제로 옮겨갔다. 일본문제, 아시아·태평양 정세를 이야기하더니 미국정부가 한국에 원조해주는 방식을 비판했다. 닉슨은 화제를 다시 친서 쪽으로 돌려 "아이젠하워 대통령의 요청을 들어주는 것이 가장 시급한 일이라는 사실을 솔직하

정원사를 방문한 닉슨 부통령 부부와 이승만 대통령 부부. 1953. 11. 13

게 말씀드린다"고 했다.

"나도 귀하에게 솔직하게 말씀드리지요. 미국으로부터 받은 도움에 대해서, 그리고 아이젠하워 대통령과의 개인적인 관계에 대해서 나는 심심한 감사를 드립니다. 이런 관계로 해서 나는 미국의 정책과 맞지 않는 일을 하지 않을 것입니다. 그러나 한편 나는 노예상태의 북한 동포들을 해방시키기 위하여 평화적 방법으로, 하지만 필요하다면 무력을 동원해서라도 통일을 성취하는 것이 지도자로서 나의 의무라고 생각합니다."

닉슨은 아이젠하워와 상호 합의하지 않고는 어떤 도발적인 행동도 한국이 단

독으로 하지 않겠다는 약속을 해달라고 이승만에게 거듭 요청했으나, 두 사람은 합의를 이루지 못하고 헤어졌다. 미국대사관으로 돌아온 닉슨은 대화 내용을 자세히 기록했다.

이승만은 닉슨을 만난 뒤 기자들에게 "닉슨 부통령을 통하여 아이젠하워 대통령을 설득하여 한반도 문제를 끝장내게 할 수 있을 것이다"고 말했다. 이것도 닉슨을 불안하게 만들었다. 다음날 닉슨은 이승만을 다시 만났다. 이승만이 두 페이지짜리 종이를 꺼내 "보안을 유지하기 위해 내가 직접 타이프를 쳤다"면서 이렇게 말했다.

"공산주의자들이 이승만을 미국이 통제할 수 있다고 생각하는 순간, 귀국은 가장 중요한 협상력 하나를 잃을 뿐 아니라, 우리는 모든 희망을 잃을 것입니다. 내가 모종의 행동을 취할 것이라는 두려움이 늘 공산주의자들을 견제하고 있습니다. 우리 서로 솔직합시다. 공산주의자들은 미국이 평화를 갈망하므로 그 평화를 얻기 위해서는 어떤 양보도 할 것이라고 여깁니다. 나는 그들의 생각이 맞는 것 같아 걱정입니다.

그러나 그들 공산주의자들은 내가 미국과 다르다는 사실을 잘 압니다. 나는 공산주의자들이 가진 그런 불안감을 없애줄 필요가 없다고 믿습니다. 귀하가 도쿄에 도착할 즈음인 내일, 아이젠하워 대통령에게 답신을 보내겠습니다. 나는 아이젠하워 대통령이 그 편지를 읽어보고 파기해주셨으면 합니다."

이승만은 두 페이지짜리 종이를 닉슨에게 건네면서 "보고용으로 이를 이용해도 좋습니다"고 덧붙였다. 메모에는 이승만이 필기한 이런 구절이 첨가되어 있었다.

"너무 많은 신문들이 이승만이 단독으로 행동하지 않기로 했다고 보도한다. 그런 인상을 주는 것은 우리의 선전 방침과는 부합되지 않는다."

닉슨의 회고록에 의하면 경무대에서 두 사람이 헤어질 때 이승만이 한 이야기는 정곡을 찌르는 것이었다.

"내가 한국이 단독으로 행동할 것이라고 말하는 것은 전부 다 미국을 도와주는 일입니다. 나는 한국이 단독으로 행동할 수 없다는 사실을 잘 알고 있어요. 우리는 미국과 함께 움직여야 합니다. 우리가 함께 가면 모두를 얻을 것이요, 그렇게 하지 않으면 모두를 잃게 될 것입니다."

거기에다 닉슨은 이렇게 덧붙였다.

"나는 한국인의 용기와 인내심, 그리고 이승만의 힘과 지혜에 깊은 감동을 받고 떠났다. 나는 이 대통령이 공산주의자를 상대할 때는 '예측 불가능성(being unpredictable)'을 유지하는 것이 중요하다는 통찰력 있는 충고를 한 데 대해 많은 생각을 해보았다. 내가 그 후 더 많이 여행하고 더 많이 배움에 따라 그 노인의 현명함을 더욱 잘 이해할 수 있게 되었다."

이와 관련하여 〈크리스천 사이언스 모니터〉의 워싱턴 지국장 로스코 드럼몬드(Roscoe Drummond)가 쓴 아래와 같은 기사가 진하게 독자들의 눈길을 끌었다고 한다.

"이승만은 정복되지 않았다. 그는 결코 정복할 수 없는 인물이다. 그는 오늘날 극동에서 가장 군비(軍備)가 잘 되어 있으며 사기도 충천한 최강의 반공군(反共軍) 지도자이다. 공산독재에 끝까지 저항하겠다는 의지는 한국 국민들 사이에 충만해 있다. 현재 대한민국 국민만큼 반공정신이 투철한 사람들은 지구상에 없다고 해도 틀린 말은 아닐 것이다. 한국은 서방진영을 필요로 하고 서방 쪽은 한국이 필요하다. 우리를 분리시키려는 어떤 시도도 용납되어서는 안 된다. 이승만은 정복되지 않았다."

드디어 휴전협정 서명

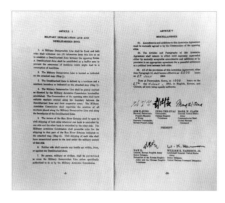

휴전협정 조인 문서.

1953년 7월 27일 판문점에서는 휴전협정이 이뤄졌다. 우선 유엔군 대표와 북한군 대표가 휴전협정서에 1차 서명을 했고, 여기에다 나중에 유엔군 사령관 클라크와 북한의 김일성, 그리고 중국의 펑더화이(彭德懷)가 2차 서명을 함으로써 휴전협정은 완전 조인되었다.

클라크는 자신의 회고록 『다뉴브강에서 압록강까지』에서 당시를 이렇게 회상했다.

"아이젠하워 대통령은 나에게 휴전협정 문서 서명을 도쿄에 있는 사령부에서 하지 말고 한국 땅에 가서 하라고 요청했다. 나는 대통령의 지시에 따라 서울 북방에 있는 문산으로 날아갔다. 문산은 유엔 협상 대표단의 숙소가 있는 우리의 전진기지였다. 우리의 사무소는 어느 과수원 속에 자리 잡고 있었다.

휴전 조인식이 끝난 후 꼭 3시간이 지나서 나는 문산의 한 극장으로 안내되었다. 그 극장은 장교들과 사병들로 가득 차 있었다. 나는 무대 앞에 놓인 책상에 앉아 파커 만년필을 꺼냈다. 그 만년필은 한국의 휴전 조인에 사용하도록 파커 회사에서 나에게 기증한 것이다. 조명등이 이 역사적인 순간을 장식하기라도 하듯 집중했다. 카메라맨들의 플래시가 여기저기서 경쟁하듯 터졌다. (…)

나는 파커 만년필의 뚜껑을 열었다. 다음 나는 휴전협정 문서에 '유엔군사령부 총사령관 마크 클라크'를 18번 쓰고 서명했다. 그렇다. 이 순간 나는 미완성의 역사 한 페이지에 종지부 아닌 종지부를 찍은 것이다. 승리 없는 휴전에 일단 종지부를……."

나는 서명이 끝나자 비로소 임무가 끝났다는 느낌이 들었다. 그러나 내 마음은 무거웠다. 그래서 나는 이런 성명서를 즉시 발표했다.

「본관은 이 순간에 기쁨을 느끼지 못한다. 오히려 이 휴전이야말로 인류의 이익을 위해 보답이 될 수 있도록 기도할 시간이라고 생각한다.」"

한편 이승만은 휴전협정 조인에 즈음한 특별성명을 발표했다. 그는 성명에서 "휴전협정은 전쟁을 줄이는 것이 아니라 더 큰 전쟁의 준비행위이고 더 많은 고난과 파괴를 의미한다. 전쟁과 내란에 의한 공산당의 더 많은 침략행위의 서막이 된다는 확신 때문에 나는 휴전협정의 서명에 반대해 왔다"면서 "이제 휴전이 서명된 이 마당에 나는 그 결과에 대한 나의 판단이 틀렸던 것으로 나타나기만 기대할 뿐입니다"고 소회를 밝혔다. 그러면서 북한 동포들을 향해 이렇게 덧붙이는 것을 잊지 않았다.

"공산 학정 속에 당분간 그대로 남아 있게 되는 우리의 불쌍한 동포들에게 나는 '절망하지 마십시오. 우리는 결코 당신들을 잊지 않을 것이며 저버리지 않을 것입니다. 우리의 잃어버린 이북 5도와 북한의 우리 동포들을 다시 찾고 구출하려는 한국국민의 근본목표는 과거와 같이 장차에도 그대로 남아 있습니다'라고 외치는 바입니다."

1953년 7월 27일 판문점에서 유엔군 대표 해리스 중장과 북한의 남일이 휴전협정서에 서명하고 있다. 회담 개최 2년 1개월 만의 일이다.

한미상호방위조약이라는 '나무'를 심다

이승만은 철저한 지미(知美)주의자였던 동시에 반공주의의 상징이었다. 그런 인물을 강압적으로 굴복시키거나 제거한다는 정치적 선택은 공산주의 세력과의 열전과 냉전이 공존하는 상황에서 아이젠하워 행정부가 쉽게 결정할 수 있는 성질의 것이 아니었다.

따라서 전쟁의 정치적 해결을 추구하기로 결정한 미국으로서는 이승만에게 보다 많은 '당근'을 제시하는 게 현실적으로 불가피했다. 그 결과 한미상호방위조약의 신속한 체결 및 비준을 촉구한 이승만의 요청을 미국이 전격 수락하는 역사적인 사건이 일어난 것이다.

최고 지도자의 가장 중요한 역할 중의 하나는 국가의 목표를 규정하고 국가이익을 극대화하는 일이다. 대통령은 어떠한 경우에도 국가를 보위해야만 하는 책임과 의무를 지닌, 그야말로 막중한 직책이다. 대한민국의 생존과 안보를 책임졌던 이승만은 대통령으로서의 임무 수행에 최선의 노력을 다했다.

덜레스 미 국무장관(가운데)과 변영태 외무장관은 1953년 10월 1일 오후 3시(미국 시간) 워싱턴에서 8월의 서울회담에서 가조인한 한미상호방위조약 문서에 정식으로 서명했다.

한미상호방위조약은 1953년 8월 8일 오전 10시 경무대에서의 가조인에 이어, 10월 1일 오후 3시(미국시간) 워싱턴에서 변영태 외무장관과 덜레스 국무장관이 서명함으로써 정식으로 발효되었다. 조약 체결을 앞두고 이승만 대통령은 이런 내용의 성명을 발표했다.

"한미상호방위조약이 성립됨으로써 우리는 앞으로 여러 세대에 걸쳐 많은 혜택을 받게 될 것이다. 이 조약이 있기 때문에 우리는 앞으로 번영을 누릴 것이다. 한국과 미국의 이번 공동 조치는 외부 침략으로부터 우리를 보호함으로써 우리의 안보를 확보해줄 것이다."

그로부터 반세기가 넘는 세월이 훌쩍 흐른 2015년의 오늘, 우리는 마치 예언자와 같은 이 위대한 지도자의 혜안(慧眼)에 새삼스레 놀라움을 금치 못하게 된다.

이승만과 덜레스의 사흘에 걸친 협상을 통해 한미상호방위조약 체결에 대한 완전 합의를 이룬 다음 1953년 8월 8일 오전 10시 경무대에서 변영태와 덜레스가 가조인했다. 조인식에는 미국 측에서 브릭스 주한대사(오른쪽에서 두 번째), 로버트슨 국무성 차관보, 스티븐스 육군장관, 롯지 유엔 대표 등이, 한국 측에서는 이승만(뒷줄 왼쪽에서 세 번째)을 비롯하여 백두진 국무총리, 손원일, 윤치영, 임병직 등 국무위원들과 국회 부의장이 참석했다.

독도(獨島)를 지킨 '평화선' 선포

이승만은 샌프란시스코 평화조약(San Francisco Peace Treaty with Japan in 1951) 발효일을 3개월 앞둔 1952년 1월 18일, 국무원 고시 14호로 평화선, 즉 「인접해양에 대한 주권선언」을 발표했다. 평화선은 우리의 해양주권을 처음으로 대외에 선포한 것이며, 어업자원을 보호하기 위한 자구책이었다.

미국은 일본이 항복한 지 닷새 후인 1945년 8월 20일, 일본의 어로수역을 연안으로부터 12마일 이내로 제한하는 조치를 발표했다. 이것이 소위 1차 '맥아더 라인'이다. 맥아더 라인은 전쟁 전에 일본 어선이 세계 5대양 도처에서 분별없이

1952년 1월 8일 이승만이 선포한 '인접 해양에 관한 대통령 선언', 일명 '평화선'을 설명하는 자료.
이승만은 패전국 일본이 샌프란시스코 조약에 따라 1952년 1월 1일부터 주권국가로 복귀하자
일본과의 해양 경계를 분명히 하고, 독도를 실효적으로 지배할 수 있도록 평화선을 선포했다.

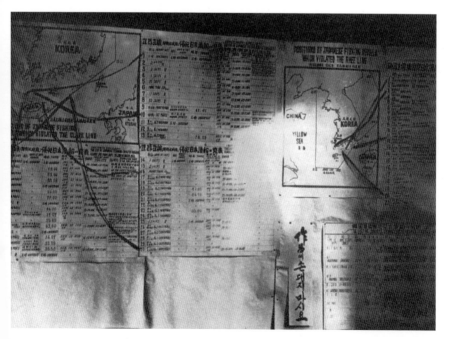

부산항에서 개최된 원양어선단 출어식. 평화선 사수라는
구호가 보인다. 1954. 10. 10

자행해온 남획을 사전 규제하자는 것
이 주목적이었다.

그런데 연합군사령부(SCAP)는 어
떤 영문에서인지 맥아더 라인을 세 번
에 걸쳐 확장해 주어 일본 어선들이 한
국 근해에 와 마구잡이 조업을 했다.
따라서 제주도와 흑산도를 중심으로
한 우리나라 남·서해 어장은 일본 어
선으로 불야성을 이루었다.

이렇게 되자 이승만은 손원일 해군
참모총장에게 "앞으로 맥아더 라인을 침범하는 외국어선은 모조리 나포하라"고
특명을 내렸다. 이를 시발로 우리 해군은 일본 어선들을 잡아들이기 시작했다.
때마침 중남미 각국이 미국의 예에 따라 해양자원 보존 및 대륙붕에 관한 주권
을 선언하고 나섰다. 이승만은 우리도 미국의 트루먼 선언이나 중남미처럼 하면
되지 않겠느냐는 생각에서 검토와 연구를 거친 끝에 평화선을 선포하게 되었다.

평화선에는 당연히 독도가 우리 영토로 포함되어 있었다. 일본의 반발과 충
격은 컸다. 그들은 평화선을 '이(Rhee) 라인'이라 부르며, 정부 성명을 통해 공해
자유원칙의 위배이자 독도를 라인에 넣은 것은 영토침해라고 주장했다. 외무장
관 변영태는 성명을 통해 한국의 입장을 분명히 했다.

"독도는 일본의 한국침략에 대한 최초의 희생물이다. 해방과 함께 독도는 다
시 우리의 품안에 안겼다. 독도는 한국독립의 상징이다. 이 섬에 손을 대는 자는
모든 한민족의 완강한 저항을 각오하라. 독도는 단 몇 개의 바위 덩어리가 아니
라 우리 겨레 영해의 닻이다. 이것을 잃고서야 어찌 독립을 지킬 수 있겠는가. 일
본이 독도 탈취를 꾀하는 것은 한국에 대한 재침략을 의미하는 것이다."

밴 플리트 장군이 한국군 병사에게 새로 지급된 소총의 사용법을
가르쳐주는 모습을 지켜보는 이승만.

세계에서 가장 위대한 반공 지도자

6·25전쟁에서 대한민국이 살아남을 수 있었던 것은 거의 기적에 가까운 일이었다. 북한군의 기습 남침 이후 고비마다 기적과 같은 일이 벌어져 대한민국은 살아남게 됐다. 그러나 미국의 신속한 참전 결정과 유엔 안보리의 즉각적인 대응, 북한의 허를 찌른 맥아더의 인천상륙작전 성공 등 기적적인 일들이 우연에 의해서만 일어났다고 봐서는 곤란하다.

이는 이승만을 중심으로 한 우리 정부의 신속한 대응전략이 주효한 때문이고, 전시 지도자로서 이승만의 역량이 발휘된 결과라고 볼 수 있다. 클라크 유엔군 사령관은 전쟁 중 "이승만은 세계에서 가장 위대한 반공 지도자이다"고 칭송했다. 매슈 리지웨이(Matthew Bunker Ridgway) 장군은 "이승만 대통령은 자기

이승만이 대구의 한국군 부대를 방문. 장병들을 격려하는 모습. 1951. 1. 12

국민에 대한 편애가 심했고 마음 속에는 애국심밖에 없는 것으로 보였으며, 이로 인해 불가능한 일을 끊임없이 요구하기도 했다"고 전했다.

전쟁기간 중 이승만은 국민들과 고통을 함께 하면서 팔순이 가까운 나이에도 불구하고 거의 매주 전방부대를 찾았다. "우리 시대의 가장 위대한 사상가이고 학자이며 정치가이자 애국자"라고 이승만을 높이 평가한 밴 플리트 장군은 〈라이프〉 잡지에 기고한 글에서 이렇게 썼다.

"그는 거의 2년간을 평균 1주일에 한 번씩 나와 함께 온갖 역경을 마다 않고 전방과 훈련 지구를 찾았다. 추운 날 지프를 타야 할 때면 죄송하다는 내 말에 미소로 답하고는 자동차에 올랐다. 목적지에 도달하기까지 그의 밝은 얼굴과 외투 밖으로 보이는 백발은 검은 구름 위에 솟은 태양처럼 빛났다."

여름의 무더위와 6~7월의 장마도, 겨울의 혹독한 추위도 마다않고 계속된 이승만 대통령의 전방 시찰. 그것은 악전고투하는 젊은 병사들에게 무한한 희망과 용기를 주었으며, 한 치의 땅도 적에게 빼앗기지 않고 한국을 지켜낸 원동력이 되었다.

1951년 동부전선을 시찰하는 도중 지프에 올라 즉석 연설을 하며 장병들을 격려하는 이승만.

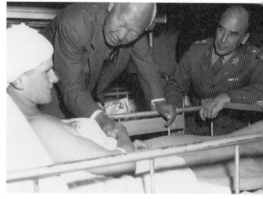

미8군 121군병원에서 간호장교 바바라 컬롬 대위가 지켜보는 가운데 밴 플리트 사령관과 함께 부상병을 위문하는 이승만. 1952. 3. 21

유재흥 군단장에게 부대 표창 리본을
달아주는 이승만.

해병대 지휘관 김대식과
대화를 나누는 모습.

전투에서 두 번 부상한 버논 S.
문셀 중위, 세 번 부상한 어네스트 L.
데파지오 중사 등 미 해병의 용기와
감투정신을 치하하는 이승만.
왼쪽 끝은 미 해병대 제1여단장
에드워드 A. 크레이그 준장. 1950. 8. 27
(사진 아래)

전선 시찰에 나선 대통령 일행이 청주의 공항 활주로에
내려 부책임자 윌리엄 메카프레이 중령(오른쪽)의
영접을 받았다. 이승만 왼쪽에 국방장관 신성모가 서 있다.
1951. 2. 1

부산항에 입항한 미 제7함대 기함 '아이오와'에 올라
함대 장병들의 사열을 받는 모습. 1952. 7. 8

이승만의 오른쪽에 나란히 앉은 밴 플리트 사령관과 이기붕.

제4부

**불멸(不滅)의 역사로 남은
거인(巨人)**

"워싱턴의 겁쟁이들"

1953년 7월 27일, 마침내 6·25전쟁의 포성은 멎었다. '휴전'이란 말이 나온 지 2년이 지났고, 남북한 사이에는 38선 대신 휴전선이 그어졌다.

그로부터 꼭 한 해가 흐른 이듬해 7월 26일 오후 4시, 미국 공식 방문 길에 오른 대한민국 대통령을 태운 미 공군기가 수도 워싱턴의 내셔널공항에 도착했다. 리처드 닉슨 부통령 내외가 환영을 나왔고, 공항 환영식이 치러졌다. 닉슨의 환영사가 끝나자 이승만이 마이크를 잡았다.

"워싱턴의 겁쟁이들 때문에 한국은 통일되지 못하고 공산세력의 위세만 과시해주었다."

이렇게 말문을 연 이승만은 15분간의 즉흥 연설을 통해 줄곧 미국의 대한(對韓) 정책을 비판했다. 그리고는 "우리는 기어이 우리들의 계획을 달성하고야 말 것"이라며 연설을 끝맺었다.

방미 나흘째인 7월 30일 아침에는 백악관에서 2차 정상회담이 열릴 예정이었다. 미 국무성 부(副)의전장이 공동성명의 미국 측 초안을 들고 왔다. 여기서부터 그 유명한 '이승만과 아이젠하워의 불화(不和)'가 유발되었다.

이때까지 이승만의 일본관은 뚜렷한 것이었다. 원칙적으로 대한민국과 일본이 국교정상화를 하기까지는 상당한 시간이 지나야 된다는 것이 그의 굳은 신념이었다. 또한 이승만은 일본에 편중된 전후 미국의 아시아 정책을 종종 지적해왔었다.

그럼에도 공동성명서 초안에 '한일 수교'와 같은 민감한 사안이 언급되어 있다는 사실은 이승만의 입장을 전혀 고려하지 않았음을 드러낸 것이었다. 미국 측이 정상회담 1시간 전이 되어서야 성명서 초안을 내놓았다는 것도 국제관례상 이해할 수 없는 일이었다.

미국을 공식 방문한 이승만 내외가 워싱턴 내셔널공항에 도착. 닉슨 미 부통령을 비롯한
미국 3부 요인들의 뜨거운 환영을 받았다. 1954. 7. 24

　이승만은 즉각 수행원들을 소집하여 "이 친구들이 나를 불러놓고 올가미를 씌
우려는 작전을 드디어 펴는 모양인데, 이런 형편이라면 다시 아이젠하워 대통령
을 만날 이유가 없지 않느냐?"고 물었다. 대노한 대통령의 모습에 수행원들은 감
히 아무 대답도 하지 못했다.

　이승만은 백악관으로 출발할 시간이 되었으나 일어설 생각을 하지 않았다.
약속시간인 오전 10시가 지나도 움직임이 없자 백악관 측으로부터 "왜 안 오느
냐?" "무슨 일이 있느냐?"는 문의 전화가 잇달아 걸려왔다.

　하는 수 없이 수행원들이 "각하, 가셔야 합니다. 가셔서 싫다고 말해야지 안가
시면 걷잡을 수 없는 형국이 벌어집니다"고 설득했다. 이승만은 못 이기는 체 따
라 나섰다. 결국 회담 예정시간보다 6~7분 가량 늦었다. 그러나 이승만의 태도는
도리어 자연스럽고 태연자약하기만 했다.

　그렇게 회의장에 앉자마자 두 정상 사이에 다시 시비가 벌어졌다. 양측 배석
자들도 한동안 두 정상의 표정만 살피고 앉아 있을 수밖에 없었다. 어색한 분위
기 속에서 아이젠하워가 먼저 말문을 열었다.

　"어제 귀국의 헌병사령관이 휴전협정에 따라 나와 있는 중립국 감시위원단의

체코와 폴란드 대표를 내쫓았습니다. 왜 그랬습니까?"

이승만은 한 치의 머뭇거림도 없이 되받았다.

"그들은 스파이입니다. 우리 군사기밀을 정탐하는 데만 활동을 집중하고 있습니다. 더군다나 걱정스런 것은 이들이 미군이 제공한 헬리콥터를 타고 우리나라의 방방곡곡을 다니고 있을 뿐만 아니라, 미8군 시설까지 정탐하고 있다는 사실입니다."

아이젠하워가 깜짝 놀라는 표정을 지었다. 그는 옆에 앉은 주한 유엔군사령관 존 헐(John Hull)에게 "그게 사실이냐?"고 물었다. 헐이 "헬리콥터를 빌려준 적은 있다"고 대답하자 아이젠하워도 잠시 말문이 막힐 수밖에 없었다.

계속 이어지는 험악한 분위기 속에서 이승만은 "일본 대표 구보다(久保田)가 한국에 대한 일본의 통치가 유익했다는 등 망언을 했다"고 지적하면서 "그런 일본과 어떻게 국교를 정상화할 수 있겠느냐?"고 반문했다. 아이젠하워가 이번에는 옆에 앉은 덜레스에게 "그게 사실이냐?"고 확인하더니 "과거 일이야 어떻든 두 나라의 국교정상화는 꼭 필요하다"며 일본과의 수교를 재차 권유했다.

그러나 이승만이 "내가 있는 한 일본과는 상종을 않겠다"고 잘라 말하자 아이젠하워는 화를 내며 벌떡 일어나 옆방으로 들어가 버렸다. 이승만은 아이젠하워의 그 같은 돌발행동에 "저런 고얀 사람이 있나, 저런!"하면서 흥분과 분노를 참지 못했다.

가까스로 아이젠하워가 화를 삭이고 다시 회담장으로 들어와 일단 한일수교에 관한 언급을 보류하고 다른 문제를 토의하려 했다. 그러자 이번에는 이승만이 "내셔널 프레스클럽 연설준비 때문에 일찍 일어서야겠다"면서 퇴장해버렸다.

두 정상 사이의 어색하고 경직된 분위기에서도 양측 대표들은 그날 오후 따로 만나 군사원조와 경제원조를 협의할 두 개의 분과위원회를 구성했다. 며칠을 더 끌어 두 위원회는 결국 미국이 군사원조 4억 2천만 달러, 경제원조 2억 8천만 달러 등 도합 7억 달러의 원조를 제공하는 데 합의했다. 이것은 나중에 1억 달러가 추가되어 8억 달러가 되었고, 이듬해부터 집행되었다.

백악관에 도착한 이승만을 현관 이리로[...]가
맞이한 뒤 계단 위로 안내하는 아이젠하워. 1954. 7. 26

워싱턴의 링컨기념관을 둘러본 뒤
주미대사 양유찬(이승만 오른쪽)과
대화를 나누며 걸어 나오는 모습.
1954. 7. 26

뉴욕시가 마련한 브로드웨이 영웅행진 카퍼레이드에
나서서 1백여 만 뉴욕시민들의 환영을 받은 이승만이 맨
앞쪽 차량에서 일어나서 손을 흔들며 시민들의 환호에
답하고 있다. 1954. 8. 2

영웅행진 도중 이승만이 색종이가 눈처럼
흩날리는 가운데 모자를 벗어 흔들며 군중들의
환호에 답했다. 1954. 8. 2

미국 상·하원 특별 합동회의에서 연설하는 이승만. 이날 회의에는 아이젠하워를 제외한 미국 행정부, 사법부, 군 수뇌부, 워싱턴 주재 외교단 거의 전원이 참석한 가운데 기립박수를 포함 모두 33차례의 박수가 이어졌다. 1954. 7. 28

미국을 방문 중이던 이승만은 1954년 8월 5일(미국 시간)
인디펜던스에 있는 헤리 S. 트루먼 전 대통령의 사저를
방문, 트루먼이 한국에 군대를 파견해준 데 대해 감사의
뜻을 표했다.
이승만 내외를 자신의 집 현관에서 부인과 함께 맞이한
트루먼은 "귀하를 이곳에서 만나니 기쁘기 그지 없습니다"고
인사했다. 그러자 이승만은 "감사합니다. 제가 여기에
와서 군대를 파견해준 귀하의 위대한 결정에
직접 사의를 표할 기회를 갖게 되어 저 역시
너무 기쁩니다"고 대답했다.

아이젠하워 내외가 백악관에서 베푼 환영연에 참석한
이승만 내외. 1954. 7. 26

전쟁 중에도 선거를 치르고, 학교 문을 열다

6·25전쟁 기간 중에도 이승만은 의정(議政) 활동을 중단하지 않았다. 그것은 아직 제대로 뿌리를 내리지 못한 자유민주주의에 대한 확고한 신념의 표출이라 할만 했다. 그래서 직선제로 바뀐 제2대 대통령 선거(1952년 8월 5일)를 실시하여 압도적인 표차로 당선되었다.

어린이들의 야외 수업 광경.

물론 야당과의 사이에서 격렬한 정쟁(政爭)을 벌여 전쟁에 지친 국민들을 더욱 힘들게 만든 것 등 부정적인 면이 적지 않았음도 부인하지 못한다. 이른바 '부산 정치 파동'으로 명명된 발췌(拔萃) 개헌이 대표적인 정쟁의 산물이며, 그것은 1954년 11월의 '사사오입(四捨五入) 개헌'으로 이어졌다.

한편으로 북한과 사투를 벌이는 전쟁 상황에서 학교의 문을 닫지 않았다는 것 역시 이승만의 높은 안목을 엿보게 하는 사례라고 할 수 있다. 사실 일본의 식민지 지배에서 벗어난 해방 직후, 우리의 문맹률은 70%를 넘는 수준이었다. 이런 상황에서 민주주의 운운한다는 것은 한마디로 비현실적인 주장일 수밖에 없었다. 우선 시급했던 것은 문맹타파로, 이는 초등학교의 의무교육화에 직결되었다.

그런데 1950년 6월 1일 초등학교 의무교육이 실시됐으나 불과 한 달도 안 돼 6·25전쟁이 터지는 바람에 몇 년을 더 기다릴 수밖에 없었다. 결국 당시 문교부는 1954년부터 6개년 계획을 세워 1959년까지 학령아동 96%의 취학을 목표로 한 의무교육 실시계획을 추진했다.

중등학교도 전시 중에 단절되지 않고 지속되었다. 대부분의 교육시설이 파괴되거나 군에 징발당하는 상황에서도 산속과 해변을 가리지 않고 노천(露天)교실, 천막교실을 만들어 지속적으로 교육을 실시했던 것이다. 세계에 유래가 없었던 전시(戰時)연합대학의 경우나, 대학생은 전후 복구의 원동력이 된다 하여 재학 중엔 병역을 면제 또는 유예조치까지 취한 것은 특기할 만한 일이었다.

이처럼 이승만이 교육, 특히 대학에 쏟은 열정의 결과 '세계사에서 보기 드문 교육기적'을 낳았다. 이러한 기적은 그 후 우리나라의 산업화와 민주화의 토대를 놓는 데 크게 기여했다.

이승만은 학생들을 만나는 것을 큰 즐거움으로 여겼다. 전쟁의 포성이 아직 멎지 않은 시기에 치러진 서울대 졸업식에 직접 참석하여 졸업생들을 치하했고(1952. 4. 26), 휴전 후에는 한양대학, 중앙대학, 동덕여대 등 여러 대학의 기념식장으로 종종 발걸음을 옮겼다. 하와이 교포들과 자신의 뜻으로 한국의 MIT

제2대 대통령 선거에서 투표함에 기표용지를 넣는 이승만. 1952. 8. 5

를 만들고자 설립한 인하공대의 제1회 졸업식에도 달려가 졸업생들을 격려했다 (1958. 3. 18).

또한 자신의 모교이기도 한 배재중고등학교를 비롯하여 진명여고, 광주공고까지 둘러보았다. 누구에게나 개방된 경무대를 찾아오는 어린 학생들과는 특별한 스케줄이 없는 한 반드시 함께 기념촬영을 해주어 그들을 기쁘게 하기도 했다.

이승만 자신은 기독교 신자였지만 종교계 인사들은 교파를 가리지 않고 두루 만나 대화를 나누는 광경 역시 돋보였다. 특히 산사(山寺)를 즐겨 찾았는데, 해인사와 부석사, 관촉사, 화엄사, 법주사 등 전국의 유명한 사찰 가운데 그의 발길이 닿지 않은 곳이 드물 정도였다.

이밖에도 건국 초기의 혼란과 전쟁의 참화 아래 척박하기만 했던 국민 생활수준에도 불구하고, 민족의 밝은 장래를 위해 문화 예술과 스포츠 분야 등에도 각별한 애정을 쏟았음을 덧붙여두어야겠다.

서울대 졸업식에 참석하여 졸업생들을 치하했다. 1952. 4. 26

원자력의 효용에 일찌감치 눈뜨다

'외국물'을 많이 먹은 국제파답게 이승만은 해외 지도자들과의 교유(交遊)도 활발했다. 특히 한국과 타이페이를 오간 장제스(蔣介石) 대만 총통과의 우정은 각별했다. 장제스는 이승만과 찍은 사진에 「이승만 대통령은 오랜 동지」라고 친필로 써서 선물하기도 했다.

베트남의 고딘 디엠 대통령과도 상호 방문을 통해 우의를 다졌다. 베트남 국립대학에서는 이승만에게 명예 법학박사 학위를 수여했다.

풍부한 국제 경험을 통한 탁월한 식견(識見)을 바탕으로 미래를 내다보는

한국 최초의 시험용 원자로 기공식에 참석하여 시삽하는 이승만.

이승만의 혜안(慧眼)도 빛났다. 원자력에 관해 일찌감치 그 효용가치를 파악한 것이 좋은 예였다. 1950년대 한국의 객관적인 여건에서 원자력 연구는 꿈도 꾸기 힘든 실정이었다. 그럼에도 이승만의 선구적인 이해와 집착으로 1959년 원자력연구소가 문을 열었던 것이다.

이보다 앞서 1956년 한국을 방문한 미국의 전기기술 대가인 시슬러 (Walker L. Cisler)는 이승만에게 에너지원으로서 원자력의 무한한 가능성과 원자력 연구기관 및 인재 양성의 중요성을 깨우쳐 주었다. 그에 따라 1956년 3월 문교부 기술교육국 안에 원자력과가 설치되었으며, 4월에 최초의 연구생 2명이 미국으로 유학을 떠났다.

1958년에는 원자력법이 제정됨으로써 이듬해 1월 원자력원이 발족하고, 산하에 원자력연구소가 설치되었다. 같은 해 7월에는 35만 달러를 들인 시험용 원자로가 도입되어 설치공사가 시작되었다. 이 원자로가 가동을 시작한 것은 이승만이 하야한 뒤인 1962년 3월의 일이다.

　이승만이 씨를 뿌린 한국의 원자력연구소는 1980년대에 이르러 독자 모델의 한국형 경수로를 개발하는 결실을 맺었다. 2010년 한국이 47조원 규모의 아랍에미레이트(UAE) 원자력발전소 건설 사업을 수주한 것을 보고 응용물리학자이자 과학기술처 장관을 두 번씩이나 지낸 정근모 (鄭根謨) 박사는 "이승만 대통령이 없었다면 원전 수출을 꿈꾸는 것은 불가능했다"고 단언하기도 했다.

1959년 당시로는 엄청난 자금인 35만 달러를 들여 착공한 한국 최초의 원자로 트리가 마트 2호. 서울 공릉동에 건설된 이 연구용 원자로는 세계 10위권의 원자력 한국을 가능케 한 원동력이었다.

4·19 학생혁명으로 하야(下野)

1960년 봄, 4·19가 일어났다. 집권 자유당의 장기 집권 획책에 대한 시민, 학생, 지식인들의 저항이었다. 그해 3월 15일에 치러진 선거에서 이기붕이 노골적인 부정을 저지르며 부통령에 뽑힌 것이 직접적인 도화선이 되었다.

데모대와 경찰의 충돌로 부상자가 속출했다는 말을 들은 이승만은 주위의 만류를 뿌리치고 몸소 병원으로 달

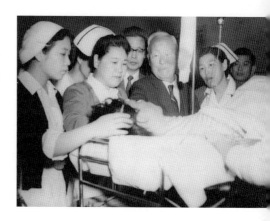

4·19 부상자를 위문하는 이승만. 1960. 4. 23

려가 "젊은이들이 분노하지 않으면 젊은이가 아니다"라면서 다친 학생들을 위로했다. 그리고 단 한 번도 4·19를 비난한 적이 없었다. 그는 대세를 파악하자마자 즉각 사임했다.

1960년 4월 26일 오전, 대통령 측근인 김정렬(전 국무총리)은 경무대에 들어가 데모 상황에 관해 간략히 보고를 올렸다. 이승만은 보고를 들으며 침통한 표정을 짓더니, 짤막하게 한 마디했다.

"그래, 오늘은 한 사람도 다치게 해서는 안 되네."

김정렬은 대통령이 한 이 말의 의미를 잘 알 수 있었다. 4·19 이후 직접 병원을 찾은 이승만이 부상 학생들을 문병하면서 몇 번이고 "학생들이 왜 이렇게 되었어? 부정선거를 왜 해? 암! 부정을 보고 일어나지 않는 백성은 죽은 백성이지. 이 젊은 학생들은 참으로 장하다!"고 하던 말을 생생하게 기억하고 있었기 때문이다.

김정렬이 잠시 회상에 잠겨 있는 순간 이승만이 혼잣말처럼 "어떻게 하면 좋을까?"라고 했다. 그러다가 "내가 그만두면 한 사람도 안 다치겠지?"라고 서너

번 되뇌더니 "자네 생각은 어떠한가. 내가 그만두면 한 사람도 안 다치겠지?"라고 대답을 재촉했다.

예기치 못한 방향으로의 사태 진전에 김정렬이 눈시울을 붉히면서 간신히 고개를 주억거리자 이승만은 비서관을 불러들여 "나는 해방 후 본국에 돌아와서 우리 애국 애족하는 동포들과 더불어 잘 지냈으니, 이제는 세상을 떠나도 여한이 없다"는 요지의 성명서를 구술하기 시작했다. 잠시 후 대통령의 하야성명은 전파를 통하여 전국으로 퍼져 나갔다.

3대 대통령 선거에서 진보당의
조봉암이 이승만의 다크호스로
떠올랐다. 결국 간첩의 혐의를 씌워
사형 판결이 내려졌고, 이것이
3·15 부정선거로 이어지면서
이승만 정권의 몰락을 재촉했다.
공판정에서 선고를 기다리는 조봉암.
1958. 10. 25

대학교수들을 비롯한 지식인들도 길거리로 쏟아져
나와 부정선거 규탄 데모를 벌였다.

대생 데모. 고대라는 머리띠를 동여맨 고려대
이 3·15 부정선거를 규탄하는 집회를 갖고 있다.
대생 시위는 구호를 부정선거 규탄에서 독재타도로 바꿨다.

"이화장까지 걸어서 가겠다!"

이승만의 하야가 발표된 이틀 뒤 이기붕 일가 4명의 권총 자살 소식이 알려졌다. 잇달아 이승만이 경무대에서 사저(私邸)인 이화장(梨花莊)으로 옮길 것이라는 뉴스가 전해지자 이날 오전부터 수천 명의 시민들이 경무대 앞으로 모여들었다. 이승만은 주위 인사들의 만류에도 불구하고 걸어서 이화장으로 돌아갈 것을 고집했다.

정오가 지나자 허정(許政) 외무장관과 월터 매카나기(Walter P. McConaughy) 주한 미국대사가 경무대로 찾아와 경호 상의 문제를 제기하며 자동차 편을 이용하도록 권했다. 이튿날 아침 〈조선일보〉는 이승만이 경무대를 떠나 이화장으로 옮기는 광경을 처음부터 끝까지 꼼꼼하게 스케치했다.

"대통령직을 사임한 이승만 박사는 12년 전에 살던 이화장으로 옮겨갔다. 대통령직에 취임한 이래 12년 동안 정들었던 경무대를 뒤로 하고 이제까지 승용하던 관(官) 1호차에 대통령기를 달지 않고 이화장으로 향하는 이 박사는 검은색 양복을 입고 부인과 함께 연도에서 구경하는 시민에게 손을 흔들어보였다.

연도에 섰던 시민들은 이 박사의 승용차가 지나갈 때 혹은 박수로써 하야하는 이에게 이별의 뜻을 표시하기도 했으며, 경호하는 헌병차며 옛 경무대

하야한 뒤 이화장으로 돌아와 담장 밖에 모인 군중들을 바라보는 이승만. 1960. 4. 28

경찰서 지프, 그리고 보도차들이 뒤따랐다.(…)

해방 후 이 박사가 온 겨레의 환호와 기대를 받으며 환국하여 거처하던 이화장은 대통령 자리를 물러선 이 박사의 안식처가 된 것이다.

이 박사가 이화장에 다다랐을 때 '할아버지 만세' '여생을 편안히!'란 벽보가 붙어 있었다. 이화장에 들어선 이 박사는 곧 높은 담 벽에 올라 문 앞에 모여 있는 군중들에게 손을 흔들며 인사하였고, 이때 군중 가운데서는 흐느껴 우는 소리도 들렸다.

집에 들어선 이 박사는 곧 정원으로 나와 정원의 나뭇가지를 어루만지며 손질하기 시작했고, 부인은 가재도구의 정리와 청소를 시작했다. 그러나 문밖에서는 군중들이 헤어질 줄을 모르고 낙산 기슭에 자리 잡은 아담한 옛집 이화장에서 이 박사 내외분의 여생이 복되도록 비는 듯 쳐다보고만 있었다."(1960년 4월 29일자 게재)

하야를 선언한 뒤 걸어서 이화장으로 가겠다고 고집을 피우는 이승만을
간신히 설득하여 자동차 편을 이용하도록 했다. 1960. 4. 28

"나, 하와이서 잠시 쉬고 오겠소"

전격적인 이승만의 하야 발표가 있자 외무부 장관 허정이 대통령 권한대행으로 취임했다. 허정은 과도정부를 맡고 있는 동안 매카나기 주한 미국대사와 매그루더(Carter B. Magruder) 유엔군 사령관(미8군 사령관 겸임)을 자주 만나 의견을 교환했다. 4·19로부터 한 달여가 지난 5월 26일, 허정을 만난 매카나기가 뜻밖의 이야기를 했다.

"마담 리(프란체스카)가 우리 집 사람에게 몇 번 전화를 걸기도 하고 찾아오기도 했습니다. 요즘 이 박사의 건강이 좋지 않아 하와이로 휴양을 갔으면 좋겠다고 마담 리가 말하더랍니다. 이 일을 어떻게 생각하십니까?"

이에 대해 허정은 "그거 참 잘 되었습니다. 노년에 큰일을 당하셨으니 충격인들 오죽했겠습니까?"하고 이내 찬성의 뜻을 밝혔다. 이처럼 이승만의 하와이 행(行)은 휴양을 위한 일시적인 여행으로 계획되었다.

허정은 이수영(李壽榮) 외무부 차관을 불러 이승만의 뜻을 확인하고 오도록 지시했다. 이화장에서 프란체스카를 만난 이수영은 매카나기의 말이 사실임을 확인하고 돌아왔다. 허정은 즉시 이승만의 여권을 발급하도록 조치한 뒤 이승만이 하와이에 도착할 때까지 출국 사실을 극소수의 관계자 외에는 극비(極秘)에 부치도록 했다.

5월 29일 아침, 허정은 이수영을 이화장으로 보내 이승만 내외를 모시고 나오도록 하고, 자신은 김포공항으로 직행했다. 김포공항에는 하와이 교포들이 이승만을 모셔가느라 전세를 낸 CAT 항공기가 이미 도착해 있었다.

오전 7시 정각에 이화장을 나서면서 이승만은 마당에 모인 사람들을 향해 "늦어도 한두 달 후면 돌아올 테니 집 잘 봐주게" 하고 당부했다. 그는 또 혼잣말처럼 "내가 잠깐 떠나야만 국내가 조용해진다는군" 하고 덧붙였다. 그런데 이승만 내외가 탄 승용차가 이화장을 나서자마자 어떻게 낌새를 챘는지 바깥에서 대기하고 있던 〈경향신문〉의 취재 지프가 따라붙었다.

김포공항에서 이승만은 출영 나온 허정의 손을 잡고 "바쁜데 왜 여기까지…" 하며 더 말을 잇지 못했다. 이승만 내외가 가져온 짐이라곤 평소 쓰던 타이프라이터와 옷가지 등이 든 슈트케이스 네 개가 전부였다.

뒤따라온 신문기자가 이승만에게 소감을 묻자 곁에 있던 프란체스카가 대신 "그는 한국 국민을 존경하고 있습니다"고 대답했다. 이 광경을 본 허정은 더 지체하는 것이 좋지 않다는 판단을 내리고 서둘러 이승만 내외를 기내로 안내했다. 이승만이 "나 하와이에서 잠시 쉬다가 오겠소"라고 작별을 고하자 허정은 "염려마시고 푹 쉬고 오십시오"라고 인사했다. 하지만 국내 신문에서는 단정적으로 「이승만 하와이 망명」이라면서 대대적으로 보도하기 시작했다. 허정은 회고록 『내일을 위한 증언』(1979, 샘터)에서 결국에는 마지막이 되고 만 이승만과의 이별을 이렇게 돌이켰다.

"이 박사를 떠나보낸 나의 마음은 쓸쓸하기만 했다. 누가 뭐라고 하던 그는 우리 현대사의 거인이고 나에게는 잊지 못할 은인이었다. 그러나 나는 우남(이승만)의 경우를 통해 사람은 마지막을 어떻게 마무리 짓는가 하는 것이 가장 중요하다는 말을 실감했다."

김포공항에서 비행기에 오르기 전 과도정부 수반 허정의 배웅을 받는 이승만 내외. 1960. 5. 29

하와이 교민들이 마련해준 살림살이

이승만 부부를 태운 전세기는 미국 시각 5월 29일 오후 2시 30분 호놀룰루 공항에 도착했다. 공항에는 주 호놀룰루 총영사 오중정(吳重政)과 하와이 교포들이 마중을 나와 있었다. 영접을 위해 기내로 올라간 오 총영사의 눈에 띈 광경은 텅 빈 기내의 맨 가운데 좌석에 나란히 앉아 있는 노부부의 모습이었다. 오 총영사의 인사에 이승만은 반가워하면서 "내가 여기 좀 쉬러 왔어. 한 3주일 쉬고 갈 거야, 오 영사!"라고 했다.

그렇게 하와이에 도착한 후 독립운동 당시의 옛 동지들과 사랑하는 제자들을 만나게 된 이승만은 한결 즐거운 듯했고, 건강도 좋아지는 듯싶었다. 그런데 예정했던 하와이 체류가 한 달이 지나자 이승만은 한국으로 돌아가고 싶어 초청해준 인사들과 상의했다. 그러나 다들 아직은 요양을 더 하시라면서 만류했다.

이승만은 자신이 어느 결에 '망명객'의 처지가 되었다는 사실을 까맣게 몰랐다. 아마도 눈을 감을 때까지도 그랬으리라. 망명을 해야 할 만큼 잘못했다는 생각은 추호도 없었으며, 한결같은 마음으로 동분서주하며 국사(國事)를 돌보았다고 자부했기 때문일 것이다.

하지만 상황은 그의 뜻대로 돌아가지 않았고, 일단 초라하나마 그곳에 둥지를 틀어야 했다. 마키키라는 동네에 마련된 거처는 마당을 포함하여 30여 평 가량의 조그만 집이었다. 1층은 지하실까지 해서 창고 같은 방이 하나였다. 뒤에는 작은 뜰이 있었고, 2층에 사방 3m가 조금 넘는 침실이 두 개, 그리고 부엌이 하나였다.

이승만 부부가 이곳으로 거처를 옮기던 날, 교포들은 쓰던 책상이며 식탁과 주방도구들을 가져와 살림살이의 기반을 마련해주었다. 당시 쓰던 식탁이 지금도 이화장에 전시되어 있는데, 알루미늄으로 만들어진 조립식이었다. 이 식탁에

하와이에 도착하여 환영 나온 교민들의 인사를 받는 이승만. 1960. 5. 29(현지시각)

서 식사 때마다 이승만은 나라를 위한 기도를 계속했다.

　또 아침이면 식탁에 앉아 서쪽을 가리키며 "저기가 서편이야. 바로 저쪽이 우리 한인들이 사는 데야" 하면서 멍하니 바라보곤 했다.

귀국 여비 모으려 이발비도 아끼다

이승만이 귀국을 위해 노력했던 눈물겨운 모습은 망명생활 중 곳곳에 배어 있다. 5달러하는 이발비를 아껴 여비를 모으기도 했다. 그 바람에 한동안 머리가 보기 싫을 정도로 길어서 프란체스카 여사가 손수 이발을 해드려야 했다.

매주 금요일은 한 주일분 식료품을 사들이는 '장보는 날'이었다. 그러나 이승만은 시장에 가지 말라고 한사코 말렸다. 프란체스카가 "굶어서야 살 수가 없지 않아요?"하고 설득하면 "그럼 조금만 사 와…… 돈 써버리면 서울 못 가……"라면서 간신히 놓아주곤 했다.

병상에서 조국을 그리지 않은 날은 단 하루도 없었다. 1962. 3

장을 보고 온 프란체스카는 항상 작은 봉투 하나만 들고 현관문으로 들어갔다. 작은 봉투를 들고 부엌으로 가는 모습을 보임으로써 남편을 안심시키려 한 것이다. 그리곤 부엌에 달린 뒷문을 통해 나머지 물건을 몰래 들여놓아야 했다. 양아들 이인수와 함께 지낼 때에도 그 같은 생활은 반복되었다. 어쩔 수 없이 어른을 속이는 슬픈 연극을 모자(母子)는 한동안 계속 할 수밖에 없었다.

이승만을 찾아와 위로하고 가는 미국의 요인들도 많았다. 태평양 주둔 미군 총사령관인 화이트(Issac D. White) 대장이 그랬고, 주한 유엔군사령관을 지내

고 당시에는 합참의장으로 있던 램니처(Lyman Lemnitzer) 장군 역시 마찬가지
였다. 그는 하와이에서 회의가 열리면 항상 마키키의 이승만을 찾아주었다. 훗날
이승만이 요양원에 있을 때에도 그는 그냥 지나치는 법이 없었다. 일정이 빡빡
할 경우에는 회의 중간에 달려오거나, 심지어는 점심을 거르면서까지 다녀가기
도 했다.

또한 국방장관을 지낸 로버트 맥나마라(Robert Strange McNamara)와 맥아
더 장군, 그리고 밴 플리트 장군도 이승만을 만나러 일부러 하와이에 들렀던 인
물들이다. 이들은 모두가 6·25전쟁 중 이승만을 만난 뒤 평생토록 존경해마지
않았던 이들이었다.

특히 화이트 대장은 이승만이 하와이에서 병원 혜택을 받는 데 상당한 지원을
아끼지 않았다. 트리플러(Tripler) 육군병원에서의 정기검사와 치료는 물론이고,
나중에는 임종 직전까지 많은 의료혜택을 주선해주기도 했다.

망향의 한을 품은 남편의 곁을 끝까지 지키며 극진히 보살핀 영원한 동반자 프란체스카. 1962

자꾸만 좌절된 귀국의 꿈

해가 바뀌어 1962년이 되자 이승만의 귀국 열망은 더욱 커져갔다. 그럴수록 자신의 희망이 관철되지 않는 것에 대한 분노도 덩달아 커졌다. 한번은 "내가 알고자 하는 것은 누가 나를 여기 데려다 붙잡아 두고 있는가 하는 거야!" 하며 격분했다. 흥분을 절대 하지 말라고 프란체스카가 그토록 애원했음에도 불구하고 이날은 표정마저 상기되어 혼잣말을 계속 이어갔다.

그리고는 혈압이 올라 두통을 호소하며 몸져누웠다. 그런 일이 있고 난 뒤 얼마 지나지 않아 트리플러 병원에 들렀다. 이승만이 "왜 그런지 모르겠다. 요즘 자꾸 건강이 안 좋다"고 하자 주치의가 뇌파검사를 제안했다. 뇌파검사가 끝나자 주치의는 따로 프란체스카를 부르더니 더 이상 희망이 없음을 전해주었다.

프란체스카는 눈앞이 캄캄해졌다. 이때 이인수는 양어머니가 우는 모습을 처음 목격했다고 한다. 주치의는 이승만이 더 이상 하와이에 머물다가는 비행기를 탈 수 없는 상태에 이를 것이라고 경고했다. 이 말은 가족들은 물론이거니와 여러 하와이 교민들에게 자극제가 되었다.

그들은 팔을 걷어붙이고 나서서 이승만의 귀국을 주선하기 시작했다. 하지만 국내에서는 여전히 "사과도 없이 어떻게 들어올 수 있느냐?"는 반발이 드셌다. 여기서 유명한 이승만의 「사과 성명」이란 것이 등장한다. 그렇지만 사과 성명의 작성자는 이승만이 아니었다.

프란체스카가 주변 사람들과 상의를 했고, 돌아가시기 전에 무슨 수를 써서라도 고국으로 모셔야겠다는 목적 아래 교포 한 명이 아무런 정치적 의도도 고려하지 않은 채 작성했던 것이다. 이로써 국내의 귀국 반대 여론을 무마시켰다고 여기고 귀국 준비를 서둘렀다.

출발 예정일 사흘 전부터 이승만은 보행에 불편을 느껴 휠체어에 의지해야 했다. 귀국할 것이란 소식이 하와이 교민사회에 알려지자 많은 교포들이 달려와 작별인사를 했다. 이승만은 어린애처럼 밝은 표정으로 "우리 모두 서울 가서 만나세!" 하며 기뻐했다.

1962년 3월 17일, 이승만은 아침 일찍 일어나 간단한 식사를 한 뒤 외출복을 입고 소파에 앉아 출발 시간만을 기다렸다. 오전 9시 30분, 검은 승용차가 집 앞에서 멈추더니 김세원(金世源) 호놀룰루 총영사가 굳은 표정으로 내렸다. 방안에서 이승만을 중심으로 여러 사람이 둘러앉았다.

이승만이 의아한 표정을 지으며 쳐다보았다. 이윽고 김 총영사가 "아직은 본국 실정이 가실만한 때가 아닙니다"라는 식으로 한국정부의 귀국 만류 권고를 전달했다. 조용히 듣고 있던 이승만의 눈이 붉게 충혈되어 갔다.

이날 이후 이승만은 휠체어에서 두 번 다시 일어날 수 없게 된다. 귀국이 실현됐더라면 함께 돌아갔을 애견 해피만이 조용히 엎드린 채 주위 사람들에게 눈길을 던지고 있었다.

김세원 하와이 총영사 부부. 김학성 부부. 이인수와 기념 촬영.

이국(異國)의 하늘 아래 조용히 눈을 감다

1965년 6월 20일, 이승만이 피를 토하기 시작했다. 위에서 내출혈이 심하게 일어났던 것이다. 퀸즈 병원으로 옮겨 응급처치를 했다. 긴급 수혈로 혈압을 조절하고 안정을 찾기까지 닷새가 걸렸다. 그동안 호놀룰루 텔레비전방송 등 하와이의 언론 매체들이 이승만의 병세를 자세히 보도했다.

그가 요양원 202호실로 다시 돌아온 것은 6월 25일이었다. 이때는 이미 펌프가 작동 중인 호스를 입 속에 꽂고 연명해야 했다. 피를 뽑아내고 가끔씩 우유를 그 호스를 통해 넣어주었다. 이 모든 일은 아내 프란체스카가 끝까지 다해냈다. 의식이 거의 없는 이승만의 비쩍 마른 양팔은 이미 무수한 주사 바늘 자국으로 인해 검게 변해 있었지만 혈색은 그다지 나쁘지 않았다.

7월 4일, 이승만의 타계에 대비하여 한국으로 돌아갔던 이인수가 연락을 받고 호놀룰루공항에 내려 곧장 요양원으로 달려갔다. 다시 내출혈이 심해지더라도 퀸즈 병원 응급실로 가지는 않을 것이란 설명을 들었다. 더 이상 방법이 없다는 얘기였다.

이승만의 침대 곁에는 프란체스카와 이인수가 나란히 앉아서 초대 대한민국 대통령의 마지막 가는 모습을 지키고 있었다. 간호원이 가끔씩 맥박을 체크했다. 병실 밖에는 연락을 받고 달려온 교민들이 초조한 표정을 지으며 서성거리고 있었다. 갑자기 호스를 입에 문 이승만의 호흡이 거칠어지더니 큰 한숨을 쉬었다. 그리고 조용히 숨을 거두었다. 간호사가 맥박을 체크하고 시간을 일러주었다.

"7월 19일 0시 35분, 임종하셨습니다."

국가와 민족을 위해 독립운동으로 건국을 성취해냈고, 전쟁으로부터 민족을 구원해내며 전 생애를 아낌없이 불살랐던 위대한 한국인 이승만. 그는 이역만리 하와이 섬에서 고국을 그리다 너무나도 쓸쓸한 최후를 맞이했다.

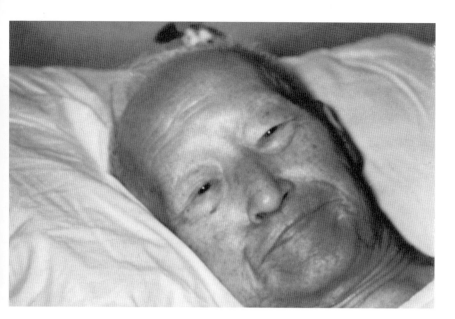

병상에 누운 우리 민족사의 거인. 1964

하와이 한인기독교회에서 열린 영결식 광경. 이승만의 유해가 관 뚜껑이 열린 채 안치돼 있다. 1965. 7. 21

5년만의 쓸쓸한 귀국

프란체스카가 양아들 이인수 앞에서 두 번째 눈물을 보였다. 잠깐 동안이지만 오열을 터뜨렸다. 하지만 그것도 잠시, 바깥에서 웅성거리는 소리가 들리자 이내 눈물을 닦고는 아들에게 귓속말로 "절대 남 앞에서 눈물을 보이지 말아라, 아가야!"라고 속삭였다.

그러더니 늘 들고 다니던 팬암항공사 표지가 찍힌 낡은 비닐 쇼핑백에 성경과 찬송가 책을 담아 들고는 총총히 병실을 나섰다. 문 밖에서 기다리던 이들을 본 프란체스카는 '굿바이!'라는 딱 한마디만 남기고 떠났다.

고인의 영구(靈柩)가 영결식장인 한인 기독교회로 출발한 시각이 7월 21일 오후 4시 40분. 이날 하와이의 모든 방송매체들이 애도 방송을 했다. 미망인 프란체스카가 입장한 오후 8시 30분경에는 조화(弔花)가 교회 전체를 꽉 메웠고, 수많은 현지인들과 교민들이 애도를 표하기 위해 속속 모여 들었다.

유해는 그 자신이 건립했던 한인 기독교회의 실내에 안치되었고, 이승만의 상반신을 볼 수 있도록 관 뚜껑의 반은 열려져 있었다. 얇은 베일이 얼굴을 덮고 있었다. 한 시간 동안의 영결예배가 끝나자 영구는 하와이 경찰의 에스코트를 받으며 검은색 리무진에 실려 히캄 공군기지(Hickam Air Force Base, Hawaii) 로 천천히 움직였다. 이때 프란체스카는 기력이 쇠잔해져 두 번씩 졸도한 끝에 결국 그곳에 남게 되어 서울에서 열린 장례식에는 참석하지 못했다.

공항을 향해 출발한 시간이 오후 9시 30분. 히캄 공군기지에 도착한 시간은 오후 10시 30분. 히캄 공군기지에서는 미군 의장대가 나와서 도열했고, 6명의 의장대원이 조포(弔砲)를 발사하는 가운데 영결식이 거행되었다. 이승만을 존경하던 미군 장성들의 추도사와 함께 진혼 나팔소리가 열대의 밤하늘에 울려 퍼졌다.

이윽고 유해가 의장대원들에 의해 C-118 군 특별기에 실리자 뒤늦게 따라왔

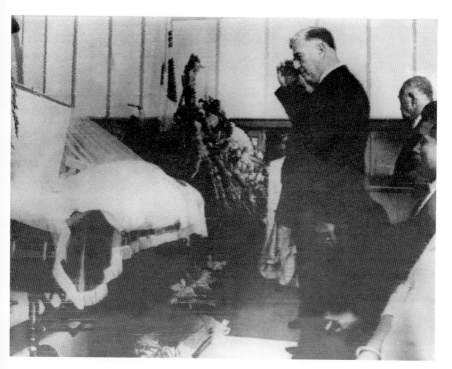

존경하는 영웅을 향해 이별의 인사를 올리는 밴 플리트 장군. 그는 이승만의 유해를 실은 미군 특별기에 동승하여
한국으로 와 마지막 가는 길을 전송하기도 했다. 1965.07.021

던 밴 플리트 장군도 존경하던 영웅과의 마지막을 함께 하기 위해 동행을 희망
하여 모두 16명이 특별기에 탑승했다. 7월 21일 밤 11시 정각, 이승만의 유해를
실은 특별기가 서서히 활주로를 미끄러져가더니 이윽고 밤하늘 속으로 날아올
랐다.

그가 눈에 보이지 않는 무엇인가에 떠밀리듯 하와이로 온 지 5년 2개월만이
었다.

정동교회에서 거행된 영결식이 끝나고 국립묘지로 향하는 운구행렬.
시청앞 광장에 구름처럼 몰려든 시민들이 위대한 영웅 마지막 길을 애도했다. 1965. 7. 27

국립묘지에서 영면(永眠)에 들다

이튿날 김포공항에 도착한 유해는 군 의장대에 의해 운구되었다. 운구차량이 지나가는 광화문 네거리를 비롯한 연도에는 소식을 듣고 달려 나온 수많은 서울 시민들이 묵묵히 선 채 주검이 되어 돌아온 건국 대통령을 슬픔 속에서 맞이했다. 잠시 뒤 이승만의 유해는 생시에 그토록 돌아오고 싶어 했던 정든 집 이화장 뜰에 내려졌다.

영결식은 7월 27일 시내 정동교회에서 거행되었다. 영결식이 거행되는 동안 광화문 일대와 서울시청 앞, 남대문과 서울역 인근 길거리에는 수많은 인파가 일찌감치 쏟아져 나와 운구행렬이 지나가기를 기다리고 있었다. 얼마 뒤 영결식

미군 특별기에 실려 김포공항에 도착한 건국 대통령의 유해를 운구하는 군 의장병. 박치순 목사가 영접 예배를 집전했다.

경찰 차량과 기마경찰의 에스코트를 받으며 국립묘지로 향하는 운구행렬

을 마치고 동작동 국립묘지로 향하는 운구행렬이 모습을 드러내자 사람들은 한 마음으로 거인(巨人)의 마지막 길을 전송했다.

태평로를 지나 남대문, 한강교를 거쳐 국립묘지에 도착한 이승만의 유해. 태극기에 싸인 관이 서서히 의장대에 의해 영원한 안식처에 내려졌다. 1965년 7월 27일 오후 5시 45분이었다. 이로써 대한민국 역사의 한 장(章)도 더불어 막을 내렸다.

첨언(添言), 그로부터 근 서른 해 가까운 세월이 흐른 1992년 3월 23일. 이승만의 영원한 동지 프란체스카가 남편의 묘소에 합장되었다.

젊은 세대를 위한 바른 역사서
건국 대통령 이승만의 생애

1판 1쇄 발행일 2015년 4월 1일
1판 5쇄 인쇄일 2021년 11월 20일

엮은이 | 안병훈
펴낸이 | 安秉勳
펴낸곳 | 도서출판 기파랑
디자인 | 조의환, 오숙이

등   록 | 2004년 12월 27일 제300-2004-204호
주   소 | 서울특별시 종로구 대학로8가길 56(동숭동 1-49) 동숭빌딩 301호
전   화 | 02-763-8996(편집부) 02-3288-0077(영업마케팅부)
팩   스 | 02-763-8936
이메일 | info@guiparang.com

ⓒ 안병훈, 2015

ISBN 978-89-6523-867-6 03990